Konsten att baka

100 recept och tekniker för den franska
kulinariska traditionen

Linus Åberg

Copyright Material ©2024

Alla rättigheter förbehållna

Ingen del av denna bok får användas eller överföras i någon form eller på något sätt utan korrekt skriftligt medgivande från utgivaren och upphovsrättsinnehavaren, förutom korta citat som används i en recension. Den här boken bör inte betraktas som en ersättning för medicinsk, juridisk eller annan professionell rådgivning.

INNEHÅLLSFÖRTECKNING _

INNEHÅLLSFÖRTECKNING _..3
INTRODUKTION..8
FRUKOST..9
1. CRÊPES SUZETTE...10
2. FORMADE ÄGG/ OEUFS MOLLETS..12
3. CRÊPES FOURRÉES ET FLAMBÉES...14
4. BLANDADE ÄGG/OEUFS SUR LE PLAT..16
5. SVAMPOMELETT GRATINERAD MED OSTSÅS....................................18
6. OEUFS EN PÖLYE..21
7. ÄGG BAKADE I RAMEKINS/OEUFS EN COCOTTE A LA CRÈME.........23
8. CRÊPES ROULÉES ET FARCIES..25
9. GÂTEAU DE CRÊPES A LA FLORENTINE..28
10. GÂTEAU DE CRÊPES A LA NORMANDE..31
11. CRÊPES DE POMMES DE TERRE / PANNKAKOR MED RIVEN POTATIS...33
12. B ANANA CREME CRÊPE S..36
13. CHERRY CRÊPE S..38
14. KUMQUAT-PEKANNÖT CRÊPE S..40
15. TROPISK FRUKT CRÊPE S...43
16. CITRON CRÊPE S..45
17. CRÊPES MED CHABLIS FRUKTSÅS...48
18. AMBROSIA CRÊPE S...51
19. BÄR CRÊPES MED APELSINSÅS...53
20. GRUNDLÄGGANDE CROISSANTER...55

21. KLASSISKA CROISSANTER...59
22. FJÄDERBRÖDSCROISSANTER...61
23. GRANARY CROISSANTER..65
24. CHOKLADCHIPSCROISSANTER......................................68
25. BANAN ECLAIR CROISSANTER.....................................71
26. MÖRK CHOKLAD MALT CROISSANTBRÖDPUDDING.................73
27. CHOKLADMANDEL CROISSANT ÉCLAIRS.......................75
28. CHOKLAD TÄCKT JORDGUBBSCROISSANTER..................78
HUVUDRÄTT..80
29. SUPRÊMES DE VOLAILLE A BLANC.................................81
30. RISOTTO...84
31. HARICOTS VERTS AU MAÎTRE D'HÔTEL...........................86
32. TERRINE DE PORC, VEAU, ET JAMBON............................88
33. ÉPINARDS AU JUS; ÉPINARDS A LA CRÈME....................92
34. CAROTTES ÉTUVÉES AU BEURRE / MORÖTTER BRÄSERADE I SMÖR...94
35. CHAMPIGNONS FARCIS / FYLLDA SVAMPAR....................96
36. ESCALOPES DE VEAU SAUTÉES A L'ESTRAGON................98
37. ESCALOPE DE VEAU GRATINÉES.....................................101
38. FOIES DE VOLAILLE SAUTÉS, MADEIRE..........................104
39. TIMBALE DE FOIES DE VOLAILLE / KYCKLINGLEVERMÖGEL......106
40. CANARD A L'ORANGE / HELSTEKT ANKA MED APELSINSÅS.....109
41. CANARD A LA MONTMORENCY.......................................113
42. HOMARD A L'AMÉRICAINE...115
43. POTEE NORMANDE: POT-AU-FEU....................................119
44. FILETS DE POISSON EN SOUFFLÉ...................................123

45. CASSOULET 126
46. COULIBIAC DE SAUMON EN CROÛTE 131
47. VEAU SYLVIE 136
48. FILETS DE SOLE SYLVESTRE 140
49. RIZ ETUVÉ AU BEURRE 143
50. RISOTTO A LA PIÉMONTAISE 146
51. SAUTÉ DE VEAU (OU DE PORC) AUX CHAMPIGNONS 148
52. BOUILLABAISSE A LA MARSEILLAISE / MEDELHAVSFISKCHOWDER 150
53. SALPICÓN DE VOLAILLE 153
54. POULET GRILLÉ AU NATUREL / VANLIG STEKT KYCKLING ... 155
55. POULET GRILLÉ A LA DIABLE 157
56. POIS FRAIS EN BRAISAGE / ÄRTER BRÄSERADE MED SALLAD. . 159
57. POTAGE CRÈME DE CRESSON / CREAM OF WATERCRESS SOUP 161
58. NAVARIN PRINTANIER / LAMMGRYTA MED MORÖTTER 164
59. OIE BRAISÉE AUX PRUNEAUX / BRÄSERAD GÅS MED KATRINPLOMMONFYLLNING 168
60. ROGNONS DE VEAU EN CASSEROLE / NJURAR I SMÖR 172
61. ROGNONS DE VEAU FLAMBÉS / SAUTERADE KIDNEYS FLAMBÉ 175
62. CARBONNADE DE BOEUF A LA PROVENÇALE 178
63. DAUBE DE BOEUF A LA PROVENÇALE 181
64. POTAGE PARMENTIER / PURJOLÖK ELLER LÖK OCH POTATISSOPPA 184
65. VELOUTÉ DE VOLAILLE A LA SÉNÉGALAISE 186
SALLADER OCH SIDOR 188

66. SALLAD MIMOSA / SALLAD MED VINÄGRETT, SIKTAT ÄGG OCH ÖRTER..........189

67. POMMES DE TERRE A L'HUILE / FRANSK POTATISSALLAD.......191

68. SALLAD NIÇOISE..........193

69. GRATÄNG DAUPHINOIS / SCALLOPED POTATIS GRATINERAD. 195

70. GRATÄNG DE POMMES DE TERRE ET SAUCISSON..........197

71. PURÉE DE POMMES DE TERRE A L'AIL..........199

72. CONCOMBRES PERSILLÉS, OU A LA CRÈME / GRÄDDGURKA....201

73. NAVETS A LA CHAMPENOISE / ROVA OCH LÖKGRYTA..........203

74. SPARRIS..........205

75. ARTICHAUTS AU NATUREL / HELKOKTA KRONÄRTSKOCKOR...207

76. RATATOUILLE..........210

77. MOUSSAKA..........213

78. LAITUES BRAISÉES / BRÄSERAD SALLAD..........216

79. CHOUCROUTE BRAISÉE A L'ALSACIENNE / BRÄSERAD SURKÅL 219

80. CHAMPINJONER SAUTÉS AU BEURRE / SAUTERADE SVAMPAR 221

81. MOCK HOLLANDAISE-SÅS (BÂTARDE)..........223

82. CRÈME ANGLAISE (FRANSK VANILJSÅS)..........225

83. GRÄDDADE SVAMPAR..........227

84. SÅS MOUSSELINE SABAYON..........229

DESSERTER..........231

85. PATE FEUILLETÉE / FRANSK SMÖRDEG..........232

86. VOL-AU-VENT / LARGE PATTY SHELL..........235

87. CRÈME CHANTILLY / LÄTTVISPAD GRÄDDE..........238

88. CRÈME RENVERSÉE AU CARAMEL / FORMGJUTEN CARAMEL CUSTARD..........240

89. FLAMING SOUFFLÉ / CRÈME ANGLAISE..................................242

90. CHARLOTTE MALAKOFF AU CHOCOLAT......................................244

91. GRATÄNG POIRES / PÄRON BAKADE MED VIN..........................249

92. TIMBALE AUX ÉPINARDS / FORMGJUTEN SPENATKRÄM..........251

93. TIMBALE AU JAMBON / GJUTEN SKINKVANILJSÅS...................254

94. BISCUIT AU CHOCOLAT / CHOKLADSVAMPKAKA......................257

95. CRÈME AU BEURRE À L'ANGLAISE / CUSTARD BUTTER CREAM 260

96. TARTE AUX POMMES / FRANSK ÄPPELTÅRTA..........................263

97. BISCUIT ROULÉ A L'ORANGE ET AUX AMANDES......................265

98. FARCE AUX FRAISES CIO-CIO-SAN...269

99. ITALIENSK MARÄNG...272

100. CRÈME AU BEURRE À LA MARÄNG / MARÄNGSMÖRKRÄM. .274

SLUTSATS..277

INTRODUKTION

Fransk bakning är känt över hela världen för sina delikata smaker, intrikata tekniker och rika kulturarv. Från smöriga croissanter på parisiska kaféer till de eleganta macarons i Ladurée, franska bakverk framkallar en känsla av överseende och sofistikering. I denna utforskning av fransk bakning gräver vi ner oss i historien, metoderna och ingredienserna som gör det till en omhuldad kulinarisk tradition. Oavsett om du är en erfaren bagare eller precis har börjat, följ med oss på en resa genom det franska konditoriets lockande värld

FRUKOST

1. Crêpes Suzette

INGREDIENSER:
- 3 dl apelsinsmör
- En skavskål
- 18 kokta crêpes, 5 till 6 tum i diameter
- 2 msk strösocker
- ⅓ kopp vardera av apelsinlikör och konjak

INSTRUKTIONER:
a) Värm apelsinsmöret i en skavform tills det bubblar och blandningen är lätt karamelliserad – det tar flera minuter.
b) Doppa båda sidorna av en crêpe i hett smör, vik crêpe på hälften av den bästa sidan utåt och på mitten igen för att bilda en kilform.
c) Lägg på sidan av fatet och upprepa snabbt med resten av crêpes.
d) Strö 2 matskedar socker över crêpesna och häll över likörerna. Skaka pannan försiktigt medan likörerna värmer, och om de inte flammar upp automatiskt, tänd med en tändsticka.
e) Häll likören över crêpes tills lågorna slocknar. Servera på mycket varma tallrikar.

2.Formade ägg/ Oeufs Mollets

INGREDIENSER:

- 4 ägg
- Salt
- Peppar
- Rostat bröd eller bröd, till servering

INSTRUKTIONER:

a) Fyll en medelstor kastrull med vatten och låt koka upp på hög värme.
b) Sänk försiktigt ner äggen i det kokande vattnet med en hålslev.
c) Sänk värmen till medel-låg och låt äggen puttra i exakt 6 minuter för en mjuk, rinnig gula, eller 7 minuter för en lite fastare gula.
d) Medan äggen kokar, förbered en skål med isvatten.
e) Efter den önskade tillagningstiden överför du försiktigt äggen från kastrullen till skålen med isvatten med hjälp av hålslev.
f) Låt äggen sitta i isvattnet i cirka 2 minuter för att svalna och stoppa tillagningsprocessen.
g) När de har svalnat knackar du försiktigt på äggen på en hård yta för att knäcka skalen, dra sedan av skalen.
h) Strö de skalade äggen med salt och peppar efter smak.
i) Servera Oeufs Mollets omedelbart med rostat bröd eller bröd vid sidan av för doppning.

3. Crêpes Fourrées Et Flambées

INGREDIENSER:
- ½ kopp pulveriserad blancherad mandel (du kan använda en elektrisk mixer för detta)
- ¼ tsk mandelextrakt
- 1 kopp apelsinsmör (föregående recept)
- 18 kokta crêpes, 5 till 6 tum i diameter
- En lätt smörad ugnsform
- 3 msk strösocker
- ⅓ kopp vardera apelsinlikör och konjak värmd i en liten kastrull

INSTRUKTIONER:
a) Vispa ner mandel och mandelextrakt i apelsinsmöret.
b) Bred ut en sked av denna blandning på den nedre tredjedelen av varje crêpe, rulla till cylindrar och arrangera i en lätt smörad bak- och serveringsform.
c) Täck över och kyl tills den ska användas. Cirka 15 minuter före servering, strö över sockret och grädda i den övre tredjedelen av en förvärmd ugn på 350 till 375 grader tills sockertoppen har börjat karamellisera något.
d) Precis innan servering, häll på den varma likören och ställ till bordet.
e) Tänd med en tändsticka och häll likören över crêpes tills lågorna slocknar.

4.Blandade ägg/Oeufs Sur Le Plat

INGREDIENSER:
- ½ msk smör
- 1 eller 2 ägg
- Salt och peppar

INSTRUKTIONER:

a) Välj en grund eldfast bak- och serveringsform ca 4 tum i diameter.

b) Placera skålen på måttlig värme eller i en kastrull med sjudande vatten. Tillsätt smör; så fort det har smält, bryt i 1 eller 2 ägg.

c) När botten av ägget har koagulerat i skålen, ta bort från värmen, luta skålen och tråckla toppen av ägget med smöret i skålen.

d) Placera på en plåt och en minut före servering, ställ så att äggytan är cirka 1 tum från glödhett broilerelement. Skjut ut skålen med några sekunders mellanrum, luta och tråckla toppen av ägget med smöret i skålen.

e) På mindre än en minut kommer det vita stelna och äggulan filmad och glittrande.

f) Ta ut ur ugnen, smaka av med salt och peppar och servera omedelbart.

5. Svampomelett gratinerad med ostsås

INGREDIENSER:
- 1 kopp gräddsås
- ½ kopp grovriven schweizerost
- ½ lb. skivade champinjoner, tidigare sauterade i smör
- En stekpanna
- 3 ägg
- Salt och peppar
- 1½ msk smör
- En omelettpanna eller non-stick stekpanna 7 tum i diameter i botten
- En blandningsskål och en bordsgaffel
- En varm eldfast serveringsfat

INSTRUKTIONER:
a) Rör ner allt utom 2 matskedar av den rivna osten i gräddsåsen. Lägg hälften av svampen i en kastrull, rör ner en tredjedel av såsen och värm upp precis innan du gör din omelett.

b) När du är redo att göra omeletten, vispa äggen, en stor nypa salt och en nypa peppar i en blandningsskål med en gaffel tills äggulor och vita blandas - 20 till 30 sekunder. Lägg en matsked smör i omelettpannan eller stekpannan, ställ på hög värme, och allt eftersom smöret smälter luta pannan åt alla håll för att täcka botten och sidorna. När smörskummet nästan har lagt sig, häll i äggen.

c) Låt äggen stelna i 3 eller 4 sekunder, ta sedan tag i pannhandtaget med vänster hand och rör pannan snabbt fram och tillbaka över värme och rör om äggen med den platta bordsgaffeln. När äggen har koagulerat till en mycket mjuk vaniljsås, på cirka 8 sekunder, sked den varma såsade svampen över mitten av omeletten i rät vinkel mot pannhandtaget.

d) Lyft handtaget för att luta kastrullen bort från dig, vänd omelettens ände över på fyllningen med gaffeln och skaka pannan för att skjuta omeletten till långsidan av pannan.

e) Vänd kastrullen och ta tag i handtaget med höger hand, tummen på toppen. Håll en varm eldfast serveringsfat i vänster hand. Luta tallriken och pannan tillsammans i vinkel, vila pannans läpp på tallriken. Vänd snabbt omelettpannan upp och ner över tallriken så faller omeletten på plats.

f) Fördela resten av svampen ovanpå omeletten, täck med resterande sås, strö över de reserverade 2 matskedarna ost och strö över resten av smöret.

g) Kör omeletten nära under en glödhet broiler i ungefär en minut, för att bryna osten försiktigt.

h) Servera på en gång, tillsammans med en grönsallad, franskt bröd och ett torrt vitt vin eller en ros.

6. Oeufs En Pölye

INGREDIENSER:
- 2 dl köttgelé med vinsmak
- 4 ovala eller runda formar, ½-koppsstorlek
- 4 kylda pocherade ägg
- Dekorativa förslag:
- Färska dragonblad släpptes i kokande vatten i 30 sekunder
- Omgångar eller ovaler av kokt skinka
- Skiva av tryffel eller foie gras, eller 4 msk levermousse

INSTRUKTIONER:
a) Häll ett ⅛-tums lager gelé i varje form och kyl tills det stelnat.
b) Doppa dragonblad, tryffel eller skinka i nästan stelnad gelé och arrangera över kyld gelé i varje form; om du använder foie gras eller levermousse, lägg en skiva eller sked ovanpå.
c) Täck med ett kylt pocherat ägg, den vackraste sidan nedåt. Fyll formar med kall sirapsgelé (om geléen är varm kommer du att ta bort dekorationen); kyl i en timme eller mer tills den stelnat.
d) Ta ur formen en efter en, genom att doppa i hett vatten, snabbt köra en kniv runt kanten av aspic och vända formen på en tallrik, vilket ger ett skarpt ryck nedåt när du gör det.

7. Ägg bakade i Ramekins/Oeufs En Cocotte a La Crème

INGREDIENSER:
- $\frac{1}{2}$ tsk smör
- 2 msk tung grädde
- 1 eller 2 ägg
- Salt och peppar

INSTRUKTIONER:

a) Värm ugnen till 375 grader.

b) Välj en porslins- eller eldsäker glasskål $2\frac{1}{2}$ till 3 tum i diameter och cirka $1\frac{1}{2}$ tum djup. Ordna i en kastrull som innehåller $\frac{3}{4}$ tum vatten och ställ över en brännare; koka upp vatten.

c) Lägg allt utom en prick smör i ramekin; tillsätt en matsked grädde och bryt i ägget eller äggen. När äggvitan har börjat koagulera i botten av ramekinen, tillsätt resterande sked grädde, kryddor och smörpricken. Placera i den nedre tredjedelen av den förvärmda ugnen och grädda i 7 till 8 minuter. Äggen är färdiga när de precis stelnat, men darrar fortfarande något.

d) Om du vill vänta lite innan servering, ta ut ur ugnen när den är något undergjord; de kommer att koka klart och hålla sig varma i vattnet i 10 till 15 minuter. Smaka av med salt och peppar innan servering.

8. Crêpes Roulées Et Farcies

INGREDIENSER:
DET KRÄMADE SKALLDJSKÖTTET
- 2 msk smör
- En 8-tums emaljerad eller non-stick stekpanna
- 3 msk hackad schalottenlök eller salladslök
- 1½ koppar tärnat eller strimlat kokt eller konserverat skaldjurskött
- Salt och peppar
- ¼ kopp torr vit vermouth
- En skål

VIN- OCH OSTSÅSEN
- ⅓ kopp torr vit vermouth
- 2 msk majsstärkelse blandat i en liten skål med 2 msk mjölk
- 1½ dl tjock grädde
- ¼ tsk salt
- vitpeppar
- ½ kopp riven schweizisk ost

MONTERING OCH BAKNING
- 12 kokta crêpes, 6 till 7 tum i diameter
- ¼ kopp riven schweizisk ost
- 2 msk smör
- En lätt smörad ugnsform

INSTRUKTIONER:
a) Hetta upp smöret så att det bubblar i stekpannan, rör ner schalottenlök eller salladslök och sedan skaldjuren. Kasta och rör om på måttligt hög värme i 1 minut. Smaka av med salt och peppar, tillsätt sedan vermouthen och koka snabbt tills vätskan nästan helt har avdunstat. Skrapa ner i en skål.

b) Tillsätt vermouthen i stekpannan och koka snabbt tills den reducerats till en matsked. Avlägsna från värme; rör ner majsstärkelseblandningen, grädden, kryddorna. Sjud i 2 minuter, rör om, blanda sedan i osten och låt sjuda ytterligare en minut. Rätt krydda.

c) Blanda ner hälften av såsen i skaldjuren, lägg sedan en stor sked av skaldjursblandningen på den nedre tredjedelen av varje crêpe och rulla crêpes till cylindriska former. Lägg crêpes tätt ihop i en lätt smörad ugnsform, skeda över resten av såsen, strö över osten och strö över bitar av smöret. Ställ i kylen tills du är redo att baka. Femton till 20 minuter före servering, ställ in i den övre tredjedelen av en förvärmd 425-graders ugn tills bubblande het och osttoppningen har fått bryna lätt, eller värm och bryn under en låg broiler.

9. Gâteau De Crêpes a La Florentine

INGREDIENSER:
Gräddsås MED OST, SPENAT OCH SVAMP
- 4 msk smör
- 5 msk mjöl
- $2\frac{3}{4}$ koppar varm mjölk
- $\frac{1}{2}$ tsk salt
- Peppar och muskotnöt
- $\frac{1}{4}$ kopp tung grädde
- 1 dl grovriven schweizerost
- $1\frac{1}{2}$ dl kokt hackad spenat
- 1 dl färskost eller keso
- 1 ägg
- 1 kopp tärnad färsk champinjoner, tidigare stekta i smör med 2 msk hackad schalottenlök eller salladslök

MONTERING OCH BAKNING
- 24 kokta crêpes, 6 till 7 tum i diameter
- En lätt smörad ugnsform
- 1 msk smör

INSTRUKTIONER:
a) För såsen, smält smöret, rör ner mjölet och koka långsamt i 2 minuter utan att färga; Ta bort från värmen, vispa i mjölk, salt och peppar och muskotnöt efter smak. Koka under omrörning i 1 minut, slå sedan i grädden och allt utom 2 matskedar schweizisk ost; låt puttra en stund och korrigera sedan kryddningen.
b) Blanda ner flera matskedar sås i spenaten och korrigera kryddningen noggrant. Vispa färskosten eller keso med ägget, svampen och flera matskedar sås för att göra en tjock pasta; rätt krydda.
c) Värm ugnen till 375 grader.

d) Centrera en crêpe i botten av en lätt smörad ugnsform, bred ut med spenat, täck med en crêpe, bred ut med ett lager av ost-och-svampblandningen och fortsätt så med resten av crêpes och de 2 fyllningarna, avslutar högen med en crêpe.
e) Häll resterande ostsås över högen, strö över de återstående 2 msk riven schweizerost och strö över en matsked smör.
f) Kyl till 30 till 40 minuter före servering, ställ sedan in i övre tredjedelen av den förvärmda ugnen tills bubblande het och osttoppningen har fått lite färg.

10. Gâteau De Crêpes a La Normande

INGREDIENSER:
- 4 till 5 koppar skivade äpplen (ca 2 lbs.)
- En stor tjockbottnad bakform
- ⅓ kopp strösocker
- 4 msk smält smör
- 12 kokta crêpes, 5 till 6 tum i diameter
- En lätt smörad ugnsform
- 6 till 8 gamla makroner, smulade
- Mer smält smör och socker och konjak

INSTRUKTIONER:

a) Fördela äpplen i bakformen, strö över socker och smält smör och ställ in i mitten av en förvärmd 350 graders ugn i cirka 15 minuter eller tills äppelskivorna är mjuka.

b) Centrera en crêpe i den smörade bak- och serveringsformen, bred med ett lager äppelklyftor, strö över makroner och med några droppar smör och konjak om du vill.

c) Lägg en crêpe ovanpå, täck med äpplen och fortsätt så, avsluta med en crêpe. Strö över smält smör och socker.

d) Ungefär 30 minuter före servering, grädda i mitten av en förvärmd 375-graders ugn tills den bubblar het. Servera som den är, eller elda som i föregående recept.

11. Crêpes De Pommes De Terre / Pannkakor med riven potatis

INGREDIENSER:
- 8 uns färskost
- 3 msk mjöl
- 2 ägg
- $\frac{1}{2}$ tsk salt
- $\frac{1}{8}$ tsk peppar
- 6 uns (1$\frac{1}{2}$ koppar) schweizisk ost, skuren i $\frac{1}{8}$-tums tärningar
- 2$\frac{1}{2}$ lbs. "baka" potatis (4 dl riven)
- 3 till 4 msk tung grädde
- En 10-tums stekpanna
- Ca 1$\frac{1}{2}$ msk smör, mer om det behövs
- Cirka 1$\frac{1}{2}$ msk olja, mer om det behövs

INSTRUKTIONER:
a) Blanda färskost, mjöl, ägg, salt och peppar i en stor mixerskål med en mixergaffel. Rör ner den tärnade osten.
b) Skala potatisen, riv genom stora hål på rivjärnet. En näve i taget, vrid potatis till en boll i hörnet av en handduk och extrahera så mycket juice som möjligt.
c) Blanda i osten och äggen och rör sedan i tillräckligt med grädde för att göra en blandning som är konsistensen av krämig cole slaw.
d) Hetta upp smör och olja i en stekpanna, häll i små eller stora högar av potatissmet ca $\frac{3}{8}$ tum tjock. Koka på måttligt hög värme i 3 till 4 minuter, tills bubblor dyker upp genom smeten.
e) Sänk värmen något, vänd och koka 4 till 5 minuter till på andra sidan. Om den inte serveras omedelbart, lägg i ett lager på en plåt och låt stå utan lock. Knacka i flera minuter i en förvärmd 400 graders ugn.

f) Servera med stekar, biffar, pocherat eller stekt ägg.

12. Banana creme Crêpes

INGREDIENSER:

- 4 bananer, delad användning
- 8-ounce behållare med gräddkola
- Smaksatt yoghurt
- ½ kopp vispad grädde eller fryst
- Icke-mejerivispad topping,
- Tinas, plus ytterligare för
- Garnering
- 6 Färdiga Crêpes
- Lönn- eller chokladsirap

INSTRUKTIONER:

a) Placera 2 bananer i en matberedare eller mixer och mixa tills de är slät.
b) Tillsätt yoghurt och blanda. Rör ner vispad topping.
c) Skiva de återstående bananerna i mynt. Lägg åt sidan, 12 skivor för topping.
d) Lägg Crêpe på varje serveringsfat: dela yoghurtblandningen över varje Crêpe.
e) Dela resterande bananskivor och vispad grädde eller topping.
f) Ringla sirap över varje crêpe.

13. Cherry Crêpes

INGREDIENSER:
- 1 kopp gräddfil
- ⅓ kopp Farinsocker, fast förpackat
- 1 dl kexmix
- 1 ägg
- 1 kopp mjölk
- 1 burk körsbärspajfyllning
- 1 tsk apelsinextrakt

INSTRUKTIONER:
a) Blanda gräddfil och farinsocker och ställ åt sidan. Blanda kexmix, ägg och mjölk.
b) Blanda tills det är slätt. Värm upp oljad 6"-panna.
c) Stek 2 msk kexblandning åt gången tills den är lätt brun, vänd och brun.
d) Fyll varje crêpe med en del av gräddfilsblandningen. Rulla upp.
e) Lägg med skarven nedåt i ugnsformen. Häll över körsbärspajfyllningen.
f) Grädda i 350~ i 5 minuter. Häll apelsinextrakt över Crêpes och tänd på att servera.

14. Kumquat-pekannöt Crêpe s

INGREDIENSER:

- ½ kopp konserverad kumquat
- 3 stora ägg
- 1½ dl pekannötter, tärnade
- ¾ kopp socker
- ¾ kopp smör, rumstemp
- 3 matskedar konjak
- ½ kopp pekannötter, tärnade
- ¼ kopp socker
- ¼ kopp smör, smält
- ½ kopp konjak

INSTRUKTIONER:
FÖR FYLLNING:

a) Frö, hacka och torka torra kumquats, reservera ⅓ kopp kumquatsirap.
b) Kombinera ägg, 1½ koppar pekannötter, ¾ kopp socker, ¾ kopp smör, kumquats och 3 matskedar Cognac i en processor eller mixer och blanda väl med på/av-varv. Vänd till en skål.
c) Täck och frys i minst 1 timme.

ATT MONTERA:

d) Smöra generöst två 7x11-tums bakformar.
e) Reservera ⅓ kopp fyllning för sås. Fyll varje crêpe med cirka 1 ½ till 2 matskedar fyllning. Rulla Crêpes upp cigarrmode.
f) Ordna med sömmen nedåt i ett enda lager i förberedda bakformar.
g) Värm ugnen till 350 grader. Strö crêpes med resterande pekannötter och socker och ringla över smält smör.
h) Grädda tills den är bubblig het, ca 15 minuter.

i) Under tiden, kombinera ⅓ kopp reserverad fyllning, 2 msk konjak och ⅓ kopp reserverad kumquatsirap i en liten kastrull och låt sjuda på låg värme.

j) Värm den återstående konjaken i en liten kastrull.

k) För att servera, arrangera crepes på ett fat och toppa med sås. Tänd Cognac och häll över toppen, skaka tallriken tills lågan avtar. Servera omedelbart.

15. Tropisk frukt Crêpe s

INGREDIENSER:
- 4 uns vanligt mjöl, siktat
- 1 nypa salt
- 1 tsk strösocker
- 1 ägg plus en äggula
- ½ pint Mjölk
- 2 msk smält smör
- 4 uns socker
- 2 msk konjak eller rom
- 2½ koppar tropisk fruktblandning

INSTRUKTIONER:
a) För att göra Crêpesmeten, lägg mjöl, salt och strösocker i en skål och blanda.
b) Vispa gradvis ner ägg, mjölk och smör. Låt stå i minst 2 timmar.
c) Hetta upp en lätt smord stekpanna, rör om smeten och använd till att göra 8 Crêpes. Hålla varm.
d) För att göra fyllningen, lägg den tropiska fruktblandningen i en kastrull med sockret och värm försiktigt tills sockret löst sig.
e) Koka upp och värm tills sockret karamelliserat. Tillsätt konjaken.
f) Fyll varje crêpe med frukten och servera genast med grädde eller creme fraiche.

16. Citron Crêpes

INGREDIENSER:
- 1 stort ägg
- ½ kopp mjölk
- ¼ kopp universalmjöl
- 1 tsk socker
- 1 tsk rivet citronskal
- 1 nypa salt
- Smör eller olja till stekpanna

CITRONSÅS:
- 2 koppar vatten
- 1 kopp socker
- 2 citroner, skivade papper tunt, kärnade

KRÄMDYLLNING:
- 1 kopp Tung grädde, kall
- 2 tsk socker
- 1 tsk vaniljextrakt

INSTRUKTIONER:
CRÊPE SMET:
a) Vispa ihop ägg och mjölk lätt i en medelstor bunke.
b) Tillsätt mjöl, socker, citronskal och salt och vispa till en slät smet.
c) Kyl övertäckt i minst 2 timmar eller över natten.

CITRONSÅS:
d) Värm vatten och socker i en tjock medelstor kastrull tills sockret lösts upp.
e) Lägg i citronskivor och låt sjuda i 30 minuter. Kyl till rumstemperatur.

GÖR CREPES:
f) Belägg crêpe-pannan på en 6-tums nonstick-panna med ett tunt lager smör eller olja.
g) Värm pannan över medelhög värme.

h) Häll i 2 msk av Crêpesmeten och vänd snabbt på pannan så att smeten fördelas jämnt.

i) Koka tills botten är gyllene och kanten har dragit bort från sidan av pannan, ca 3 minuter.

j) Vänd crêpe och stek den andra sidan i ca 1 minut.

k) Låt svalna på en tallrik och upprepa med resterande smet för att göra 8 Crêpes totalt.

l) Precis innan servering gör du gräddfyllningen: vispa grädde, socker och vanilj i en mixerskål tills det bildas styva toppar.

m) Lägg 2 Crêpes med den gyllene sidan nedåt på varje desserttallrik.

n) Sked gräddfyllning på varje Crêpe och rulla ihop, vik in kanter och lägg sömsidan nedåt på tallrikar.

o) Häll $\frac{1}{4}$ kopp citronsås över varje portion och servera på en gång.

17. Crêpes Med Chablis Fruktsås

INGREDIENSER:
- 3 ägg
- 1 kopp skummjölk
- 1 kopp mjöl
- $\frac{1}{8}$ tesked salt
- Matlagningsspray
- $\frac{1}{2}$ kopp Chablis vin
- $\frac{1}{4}$ kopp vatten
- $\frac{1}{4}$ kopp socker
- 1 msk majsstärkelse
- $\frac{3}{4}$ kopp Färska eller frysta jordgubbar
- $\frac{1}{2}$ kopp Tärnade apelsinsegment
- 1 matsked vatten
- 4 Lovers Crêpes

INSTRUKTIONER:
a) Blanda de första 4 ingredienserna och blanda på låg hastighet i ungefär en minut. Skrapa ner sidorna och blanda väl tills det är slätt.
b) Låt stå i 30 minuter. Belägg botten av en $6\frac{1}{2}$ tums omelett eller stekpanna med matlagningsspray.
c) Värm pannan på låg värme.
d) Häll i ca 3 msk smet - vänd och vänd på pannan för att fördela smeten jämnt.
e) Koka tills den fått lite färg i botten – vänd och bryn andra sidan.
f) För att lagra-linda Crêpes separerade med vaxat papper, frys eller kyl.

CHABLIS FRUKTSÅS:
g) Blanda de första 3 ingredienserna i en liten kastrull - låt koka upp - låt sjuda i 5 minuter.
h) Rör majsstärkelse och 1 msk vatten tills det är slätt.

i) Rör ner i vinblandningen och låt sjuda i flera minuter tills det tjocknat, rör om då och då.

j) Tillsätt frukt och värm tills frukten är varm. Fyll crêpes, vik över och skeda extra sås över toppen.

18. Ambrosia Crêpes

INGREDIENSER:
- 4 Crêpes
- 16-ounce burk fruktcocktail
- 1 burk Fryst efterrättstopping - tinad
- 1 liten mogen banan skivad
- ½ kopp miniatyrmarshmallows
- ⅓ kopp riven kokos

INSTRUKTIONER:
a) Garnera med extra topping och frukt.
b) För att frysa Crêpes-stapel med vaxat papper mellan.
c) Slå in i kraftig folie eller fryspapper.
d) Värm i 350° ugn i 10-15 minuter.

19. Bär Crêpes med apelsinsås

INGREDIENSER:

- 1 kopp färska blåbär
- 1 kopp skivade jordgubbar
- 1 matsked socker
- Tre 3-ounce förpackningar av mjukgjord färskost
- $\frac{1}{4}$ kopp honung
- $\frac{3}{4}$ kopp apelsinjuice
- 8 Crêpes

INSTRUKTIONER:

a) Kombinera blåbär, jordgubbar och socker i en liten skål och ställ åt sidan.

b) För att förbereda såsen, vispa färskost och honung tills det är ljust och vispa långsamt i apelsinjuice.

c) Sked cirka $\frac{1}{2}$ kopp bärfyllning i mitten av 1 Crêpe. Skeda ca 1 msk sås över bären. Rulla ihop och lägg på ett serveringsfat. Upprepa med resterande crepes.

d) Häll resterande sås över Crêpes.

20. Grundläggande croissanter

INGREDIENSER:
- ¾ kopp plus 1 msk helmjölk
- 2 tsk snabbjäst
- 2⅔ koppar universalmjöl (eller T55-mjöl), plus extra för formning
- 1 matsked plus 1½ teskedar (20 gram) strösocker
- 2 tsk kosher salt
- 1 kopp osaltat smör, vid rumstemperatur, delat
- 1 stort ägg

INSTRUKTIONER:
a) Gör degen: I en medelstor skål, rör ihop mjölken och jästen, tillsätt sedan mjöl, socker, salt och smör och rör tills en lurvig deg bildas. Vänd ut degen på en ren bänk och knåda i 8 till 10 minuter (eller överför till en stående mixer och knåda i 6 till 8 minuter vid låg hastighet) tills den är slät, stretchig och smidig.
b) Om du knådar för hand, lägg tillbaka degen i skålen. Täck med en handduk och ställ åt sidan i 1 timme eller tills den är dubbelt så stor. (Denna tidpunkt kommer att variera beroende på din kökstemperatur.)
c) Vänd ut degen på en ren bänk och tryck lätt till en 8-tums fyrkant. Slå in med plastfolie och ställ i kylen i 1 timme. Detta är känt som degblocket.
d) Degblocket och smörblocket bör ha en liknande temperatur och konsistens, så kylning är viktigt.
e) Efter 30 minuters kylning av degblocket, lägg den återstående ¾ koppen (170 gram) smör på en bit bakplåtspapper. Toppa med ett extra ark bakplåtspapper och använd en kavel och plastbänkskrapa för att forma smöret till en 6 x 8-tums rektangel. Skjut upp paketet med bakplåtspapper på en plåt och ställ in i kylen i 15 till 20

minuter, tills det är fast men böjligt. Du ska kunna böja paketet utan att det går i sönder.

f) Lägg smörblocket åt sidan på din bänk medan du formar degen. Detta kommer att säkerställa att det är rätt temperatur (inte för kallt) före inkorporering. Pudra din bänk och toppen av degen med mjöl och rulla degblocket till en 9 x 13-tums rektangel. Borsta bort överflödigt mjöl. Packa upp smöret och vänd det på mitten av degen, så att dess kanter nästan möter sidorna av degblocket. Vik den övre och nedre delen av degen över smörblocket, möts i mitten. Nyp ihop mitt- och ändsömmarna noggrant. Temperaturen är avgörande, så arbeta snabbt.

g) Pudra din bänk med mjöl och rotera degen så att mittsömmen pekar mot dig. Kavla ut degen, med en fram och tillbaka rörelse, för att skapa en 7 x 21-tums rektangel, arbeta försiktigt så att inget smör flyr ur degen. Om smör tittar igenom, nyp degen runt den så att den täcker och pudra med mjöl. Borsta bort överflödigt mjöl innan du viker.

h) Vik den övre tredjedelen av degen mot mitten och vik sedan den nedre tredjedelen av degen över mitten för att skapa en bokstavsveck. Borsta bort överflödigt mjöl.

i) Slå in degen i plastfolie och kyl i 30 minuter.

j) Upprepa steg 6, börja med den vikta kanten av degen på din vänstra sida, rulla degen till en 7 x 21-tums rektangel och skapa en bokstavsveck. Slå in degen igen och kyl i 45 minuter.

k) Upprepa detta steg en gång till, linda sedan in degen och kyl i minst 1 timme eller över natten.

l) Forma och grädda: Klä en plåt med bakplåtspapper.

m) Pudra din bänk med mjöl och rulla degen till en $\frac{1}{4}$-tums tjock rektangel, cirka 9 gånger 20 tum.

n) Använd en skalkniv för att markera 4-tumssektioner längs långsidans längd. Använd en kockkniv för att skära rektangeln vid 4-tums märkena, skapa fem 4-x-9-tums sektioner. Halvera var och en av dessa sektioner diagonalt för att skapa totalt 10 trianglar.

o) Sträck ut botten av varje triangel något för att förlänga den lite.

p) Börja på långsidan, rulla trianglarna för att skapa en croissantform.

q) När du nästan har nått slutet av rullen, dra i spetsen lite för att förlänga den och linda den runt croissanten, nyp lätt för att täta. Lägg varje croissant på den förberedda bakplåten med spetsarna på botten så att de inte öppnas under jäsning och gräddning. Placera dem några centimeter från varandra.

r) Täck brickan med plastfolie och ställ åt sidan för att jäsa i rumstemperatur i $1\frac{1}{2}$ till $2\frac{1}{2}$ timme. (Denna tidpunkt kommer att variera beroende på din kökstemperatur, men den idealiska temperaturen är 75°F till 80°F.) Täta tills den når en marshmallow-aktig konsistens och en ökning i volym. Om du petar i degen ska den fjädra tillbaka något och lämna ett indrag.

s) Efter 1 timmes jäsning, förvärm ugnen till 400°F.

t) I en liten skål, vispa ägget med en skvätt vatten och använd en bakelseborste för att pensla glasyren över croissanterna. Borsta dem en gång till, för extra glans.

u) Grädda i 30 till 35 minuter tills croissanterna är djupt gyllenbruna. Servera varm.

21. Klassiska croissanter

INGREDIENSER:
- 4 koppar universalmjöl
- 1/4 kopp socker
- 1 1/2 tsk salt
- 2 1/4 tsk snabbjäst
- 1 1/4 dl kall mjölk
- 2 msk osaltat smör, mjukat
- 2 1/2 stickor osaltat smör, kylt och skär i tunna skivor
- 1 ägg vispat med 1 msk vatten

INSTRUKTIONER:
a) I en stor skål, vispa ihop mjöl, socker, salt och jäst.
b) Tillsätt den kalla mjölken och 2 msk mjukat smör och rör om tills en ruggig deg bildas.
c) Vänd ut degen på en mjölad yta och knåda i cirka 10 minuter tills den är slät och elastisk.
d) Lägg degen i en lätt oljad skål, täck med plastfolie och ställ i kylen i 1 timme.
e) Rulla de kylda smörskivorna till en rektangel på en mjölad yta. Vik degen över smöret och nyp ihop kanterna.
f) Kavla ut degen och smöret till en lång rektangel. Vik den i tredjedelar, som en bokstav.
g) Kavla ut degen igen och upprepa vikningsprocessen två gånger till. Kyl degen i 30 minuter.
h) Kavla ut degen en sista gång till en stor rektangel och skär den sedan i trianglar.
i) Rulla ihop varje triangel, börja från den breda änden, och forma till en halvmåne.
j) Lägg croissanterna på en bakplåtspappersklädd plåt, pensla med äggtvätt och låt jäsa i 1 timme.
k) Värm ugnen till 400°F (200°C) och grädda croissanterna i 20-25 minuter tills de är gyllenbruna.

22. Fjäderbrödscroissanter

INGREDIENSER:
- 2 tsk brödmaskinjäst
- $2\frac{1}{4}$ koppar universalmjöl
- 2 tsk salt
- 2 matskedar omedelbar fettfri torrmjölk
- 1 matsked socker
- $\frac{7}{8}$ kopp vatten
- 4 uns osaltat smör
- 1 stort ägg; slagen med
- 1 matsked vatten; för inglasning
- 3 barer (1,45 ounce) halvsöt choklad

INSTRUKTIONER:
a) Tillsätt jäst, mjöl, salt, torrmjölk, socker och vatten i brödmaskinen och lägg i maskinen. Bearbeta ingredienserna på degen tills de är väl införlivade, utan att torra ingredienser klamrar sig fast vid sidorna av pannan, cirka 10 minuter på de flesta maskiner.
b) Efter att degen har blandats, stäng av maskinen och låt degen jäsa i maskinen tills den fördubblats, ca $1\frac{1}{2}$ timme.
c) Placera under tiden smörstaven mellan 2 lager plastfolie eller vaxat papper. Platta till och forma smöret till en 6-tums fyrkant som är cirka ⅓ tum tjock med fingrarna. Kyl i minst 15 minuter. Smöret måste vara konsistensen av grönsaksfett när du använder det. Om den är för hård kommer den att slita sönder degen; om den är för mjuk kommer den att sippra ut från sidorna. Värm den eller kyl den därefter.
d) När degen har fördubblats i volym, vänd upp den på en väl mjölad yta. Med mjölade händer, tryck ut degen till en 13-tums fyrkant. Packa upp det kylda smöret och lägg det diagonalt i mitten av degrutan. Lägg degens hörn över

smöret så att de möts i mitten (det kommer att se ut som ett kuvert). Tryck till mitten och kanterna på degen för att platta till och förslut i smöret.

e) Använd en lätt mjölad kavel och rulla degen till en 18 x 9 tums rektangel. Tryck inte för hårt. Om du gör det kommer smöret att sippra ut eller så går degen sönder (om den går sönder är det bara att nypa för att lappa). Vik en 9-tums ände av degrektangeln över den mittersta tredjedelen av degen. Vik detta över den återstående tredjedelen.

f) Kavla ut degen igen till en 18 x 9-tums rektangel. Vik den som tidigare för att bilda de 3 lagren och lägg i en plastpåse eller slå in löst i plastfolie. Kyl degen i 30 minuter och upprepa sedan rullning, vikning och kylning två gånger till.

g) Kyl degen över natten efter den sista vikningen.

h) För att skära och forma croissanterna, skär degen på mitten. Slå in ena halvan i plast och ställ tillbaka den i kylen medan du arbetar med den andra halvan. Kavla ut degen på en lätt mjölad yta till en 13-tums cirkel.

i) Skär den i 6 klyftor. Dra försiktigt basen av varje kil till en bredd av cirka 6 tum och längden på varje kil till cirka 7 tum. Börja från basen, rulla upp kilen. Placera croissanten, top-point under, på ett kraftigt bakplåtspapper.

j) Böj och för baspunkterna mot mitten för att bilda en halvmåne. Rulla och forma alla croissanter, lägg dem 2 tum från varandra på bakplåten.

k) Pensla croissanterna lätt med äggglasyren. Låt dem sedan jäsa på en varm plats tills de är ljusa och svullna, cirka 1 ½ timme. Värm under tiden ugnen till 400F. Pensla gifflarna med äggglasyr en gång till precis innan du sätter in dem i ugnen. Grädda i 15 minuter, eller tills de är gyllenbruna. Ta bort croissanterna från bakplåten för att svalna på ett galler. Servera varm, med sylt eller din favoritsmörgåsfyllning.

l) Förbered croissantdegen enligt anvisningarna.

m) När du har skurit den på mitten, rulla varje halva till en 14 x 12-tums rektangel på en lätt mjölad yta. Skär varje halva i sex 7 x 4-tums rektanglar.

n) Bryt isär tre 1,45-ounce barer av halvsöt eller mörk choklad för att göra 12 rektanglar, var och en ca 3 x 1 $\frac{1}{2}$ tum. Lägg en chokladbit på längden längs ena kortändan av varje degbit. Rulla för att omsluta chokladen helt och tryck till kanterna för att täta. Lägg croissanterna, med sömssidan nedåt, på en stor bakplåt.

o) Fortsätt att glasera och grädda enligt anvisningarna.

23. Granary croissanter

INGREDIENSER:
- ¼ pint ljummet vatten
- 7 uns Osötad delvis skummad kondenserad mjölk
- 1 uns torkad jäst
- 2 uns osaltat smör; smält
- 1 pund spannmålsmjöl
- En nypa salt
- 3 uns solros- eller sojamargarin
- Mjölk att glasera

INSTRUKTIONER:
a) Blanda vattnet med den förångade mjölken och smula sedan i den färska jästen, eller rör ner den torkade jästen.
b) Tillsätt smöret. Sikta mjölet med saltet i en stor bunke och häll tillbaka kornen från silen till mjölet i skålen.
c) Gnid in margarinet i mjölet tills blandningen liknar ströbröd.
d) Gör en brunn i mitten av mjölet, häll i jästblandningen och blanda noga.
e) Lägg upp degen på en lätt mjölad yta och knåda i 3 minuter.
f) Lägg tillbaka degen i bunken, täck med en fuktig kökshandduk och låt jäsa på en varm plats i cirka 30 minuter tills den är dubbelt så stor.
g) Om rumstemperaturen är kall kan jäsningen påskyndas med hjälp av en mikrovågsugn: mikrovågsugn den täckta degen i en mikrovågssäker behållare på full effekt i 10 sekunder. Låt degen vila i 10 minuter och upprepa sedan processen två gånger.
h) Vänd hälften av den jästa degen på en lätt mjölad yta och rulla till en cirkel ca 5 mm (¼ tum) tjock. Använd en vass kniv och skär degen i åtta triangulära segment. Arbeta från

ytterkanten, rulla varje segment till mitten. Böj varje bit till en halvmåne och lägg på en lätt oljad bakplåt.

i) Täck med en kökshandduk och låt bli dubbelt så stor.

j) Värm under tiden ugnen till Gas Mark 5/190C/375 F. Upprepa formningsprocessen med den andra halvan av degen.

k) Alternativt kan du låta resten av degen vara täckt i kylen i upp till 4 dagar och använda när färska croissanter behövs.

l) När gifflarna har blivit dubbelt så stora, glasera dem med mjölken och grädda i ugnen i 15-20 minuter tills de är puffade och gyllene.

24. Chokladchipscroissanter

INGREDIENSER:
- 1½ koppar smör eller margarin, mjukat
- ¼ kopp universalmjöl
- ¾ kopp mjölk
- 2 matskedar socker
- 1 tsk salt
- ½ kopp mycket varmt vatten
- 2 förpackningar Aktiv torrjäst
- 3 koppar mjöl, osiktat
- 12 uns chokladchips
- 1 äggula
- 1 matsked Mjölk

INSTRUKTIONER:
a) Vispa smör, ¼ kopp mjöl med en sked tills det är slätt. Bred ut på vaxat papper i en 12x6 rektangel. Kyla. Värm ¾ kopp mjölk; rör i 2 msk socker, salt för att lösa upp.
b) Kyl till ljummen. Strö vatten med jäst; rör om för att lösas upp. Med sked, slå i mjölkblandningen och 3 dl mjöl tills det är slätt.
c) Slå på lätt mjölat bakverk; knåda tills den är slät. Låt jäsa, täckt, på en varm plats, fri från drag, tills den fördubblats - ca 1 timme. Kyl ½ timme.
d) Rulla till en 14x14 rektangel på lätt mjölat bakverk.
e) Lägg smörblandningen på hälften av degen; ta bort papper. Vik andra hälften över smör; nypa kanterna för att täta. Med vik till höger, rulla från mitten till 20x8.
f) Från kortsidan, vik degen i tredjedelar, gör 3 lager; tätningskanter; kyla 1 timme insvept i folie. Med vik till vänster, rulla till 20x8; vika ihop kyla ½ timme. Upprepa.
g) Kyl över natten. Nästa dag, rulla; vik två gånger; kyla ½ timme mellan. Kyl sedan 1 timme längre.

h) För att forma: skär degen i 4 delar. På lätt mjölat bakverk, rulla var och en till en 12-tums cirkel. Skär varje cirkel i 6 klyftor.

i) Strö klyftor med chokladchips -- var noga med att lämna en $\frac{1}{2}$-tums marginal runt om och inte fylla över med chipsen. Rulla ihop med början i den breda änden. Forma till en halvmåne. Lägg med peksidan nedåt, 2" från varandra på brunt papper på en plåt.

j) Omslag; låt jäsa på en varm plats, fri från drag tills den fördubblats, 1 timme.

k) Värm ugnen till 425. Pensla med uppvispad äggula blanda i 1 msk mjölk. Grädda 5 minuter, minska sedan ugnen till 375; grädda i 10 minuter till eller tills croissanterna är puffade och bruna.

l) Kyl på galler i 10 minuter.

25. Banan eclair croissanter

INGREDIENSER:
- 4 frysta croissanter
- 2 rutor halvsöt choklad
- 1 msk smör
- ¼ kopp siktat konditorisocker
- 1 tsk varmt vatten; upp till 2
- 1 dl vaniljpudding
- 2 medelstora bananer; skivad

INSTRUKTIONER:
a) Skär frysta croissanter på mitten på längden; lämna tillsammans. Värm frysta croissanter på osmord bakplåt i förvärmd 325°F. ugn 9-11 minuter.

b) Smält choklad och smör tillsammans. Rör ner socker och vatten för att få en bredbar glasyr.

c) Bred ut ¼ kopp pudding på varje croissants nedre halva. Toppa med skivade bananer.

d) Byt ut croissant toppar; ringla på chokladglasyr.

e) Tjäna.

26. Mörk choklad malt Croissantbrödpudding

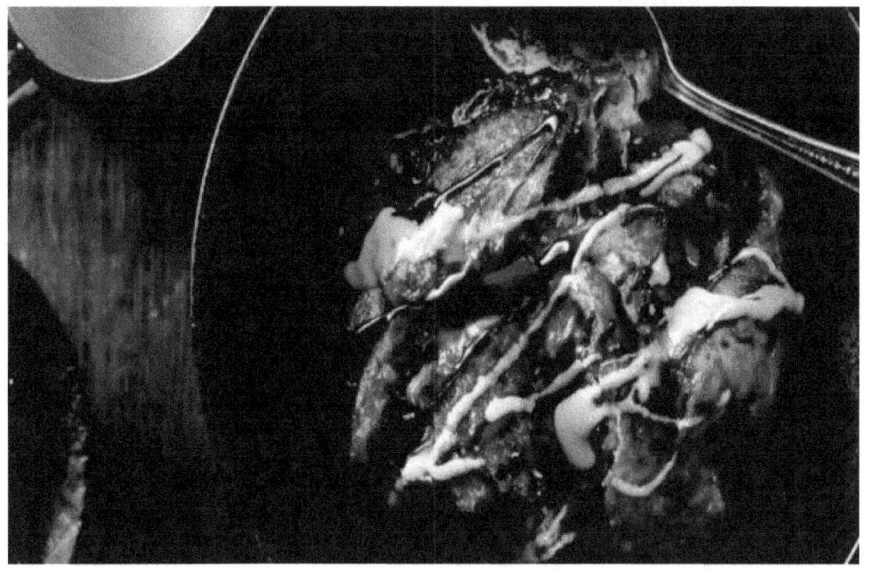

INGREDIENSER:
- 6 stora croissanter, gärna daggamla
- 3 dl helmjölk
- 1 kopp tung grädde
- 1/2 kopp strösocker
- 4 stora ägg
- 2 tsk vaniljextrakt
- 1/4 tsk salt
- 1/2 kopp mörk chokladchips
- 1/4 kopp mältat mjölkpulver
- Vispad grädde, till servering (valfritt)

INSTRUKTIONER:
a) Värm ugnen till 350°F. Smöra en 9x13 tums ugnsform.
b) Skär croissanterna i lagom stora bitar och lägg dem i den förberedda ugnsformen.
c) I en stor skål, vispa ihop mjölk, grädde, socker, ägg, vaniljextrakt, salt och maltmjölkpulver tills det är väl blandat.
d) Häll blandningen över croissanterna, se till att fördela vätskan jämnt.
e) Strö de mörka chokladbitarna över toppen av brödpuddingen.
f) Täck ugnsformen med aluminiumfolie och grädda i 35 minuter.
g) Ta bort folien och fortsätt grädda i ytterligare 15-20 minuter, eller tills brödpuddingen stelnat och toppen är gyllenbrun.
h) Låt brödpuddingen svalna några minuter innan servering. Toppa med vispad grädde om så önskas.

27. Chokladmandel Croissant Éclairs

INGREDIENSER:
FÖR PÂTE À CHOUX:
- 1/2 kopp vatten
- 1/2 kopp helmjölk
- 1/2 kopp osaltat smör, i tärningar
- 1/2 tsk salt
- 1 tsk socker
- 1 kopp universalmjöl
- 4 stora ägg, rumstempererade

FÖR CHOKLADMANDELFYLLNING:
- 1 kopp tung grädde
- 1 kopp halvsöt chokladchips
- 1/2 kopp mandelsmör

FÖR CHOKLAD GLASYREN:
- 1/2 kopp halvsöta chokladchips
- 2 msk osaltat smör
- 1 msk majssirap

INSTRUKTIONER:
a) Värm ugnen till 375°F. Klä en plåt med bakplåtspapper.
b) I en medelstor kastrull, kombinera vatten, mjölk, smör, salt och socker. Värm på medelvärme tills smöret har smält och blandningen kokar upp.
c) Tillsätt mjölet på en gång och rör om kraftigt med en träslev tills blandningen bildar en boll och drar sig bort från pannans sidor.
d) Ta kastrullen från värmen och låt den svalna i 5 minuter.
e) Tillsätt äggen ett i taget, vispa ordentligt efter varje tillsats tills blandningen är slät och glansig.
f) Montera en konditoripåse med en stor rund spets och fyll med chouxdegen.

g) Sprid ut degen på den förberedda bakplåten och bildar 6-tums långa éclairs.
h) Grädda i 25-30 minuter, eller tills de är gyllenbruna och puffade.
i) Ta ut ur ugnen och låt svalna helt.
j) Värm den tunga grädden i en medelstor kastrull tills den bara sjuder.
k) Ta av från värmen och tillsätt chokladbitarna och mandelsmöret. Rör tills chokladen har smält och blandningen är slät.
l) Skär en liten skåra i botten av varje éclair och rör in fyllningen i mitten.
m) Smält chokladchips, smör och majssirap i en liten kastrull på låg värme under konstant omrörning tills det är slätt.
n) Doppa toppen av varje éclair i chokladglasyren och lägg på galler för att stelna.
o) Valfritt: Strö över skivad mandel.

28. Choklad täckt Jordgubbscroissanter

INGREDIENSER:

- 6 croissanter
- 1/2 dl jordgubbssylt
- 1/2 kopp halvsöta chokladchips
- 1 msk osaltat smör
- 1/4 kopp tung grädde
- Färska jordgubbar, skivade (valfritt)

INSTRUKTIONER:

a) Värm ugnen till 375°F.
b) Dela varje croissant på mitten på längden.
c) Bred ut 1-2 matskedar jordgubbssylt på den nedre halvan av varje croissant.
d) Sätt tillbaka den övre halvan av varje croissant och lägg dem på en plåt.
e) Grädda i 10-12 minuter, eller tills gifflarna är lätt gyllenbruna.
f) Smält chokladbitarna, smöret och grädden i en liten kastrull på låg värme, under konstant omrörning, tills den är slät.
g) Ta ut croissanterna ur ugnen och låt svalna i några minuter.
h) Doppa toppen av varje croissant i chokladblandningen, låt överskottet droppa av.
i) Lägg de chokladtäckta giffeln på ett galler för att svalna och stelna.
j) Valfritt: Toppa med färska jordgubbsskivor före servering.

HUVUDRÄTT

29. Suprêmes De Volaille a Blanc

INGREDIENSER:
TILLAKNING AV KYCKLINGBRÖSTEN
- 4 suveräna
- $\frac{1}{2}$ tsk citronsaft
- $\frac{1}{4}$ tsk salt
- Stor nypa vitpeppar
- 4 msk smör
- En tung, täckt flamsäker gryta ca 10 tum i diameter
- En omgång vaxat papper skuren för att passa gryta
- En varm serveringsfat

VIN OCH Gräddsås, OCH SERVERING
- $\frac{1}{4}$ kopp vit eller brun fond eller nötbuljong på burk
- $\frac{1}{4}$ kopp portvin, Madeira eller torr vit vermouth
- 1 kopp tung grädde Salt, vitpeppar och citronsaft
- 2 msk färsk hackad persilja

INSTRUKTIONER:
a) Värm ugnen till 400 grader.
b) Gnid in suprêmes med droppar citronsaft och strö lätt över salt och peppar. Värm smör i gryta tills det skummar. Rulla snabbt ihop suprêmes i smöret, lägg papperet över dem, täck grytan och sätt in i en het ugn.
c) Efter 6 minuter, tryck på topparna på suprêmes med fingret; om den fortfarande är mjuk och squashy, återvänd till ugnen i en minut eller två till.
d) De är färdiga när de känns lätt fjädrande och spänstiga; överkoka dem inte. Ta upp suprêmes till ett varmt serveringsfat; täck och håll varmt medan du gör såsen, vilket tar 2 till 3 minuter.
e) Häll fonden eller buljongen och vinet i grytan med matlagningssmöret och koka snabbt ner på hög värme

tills vätskan är sirap. Häll sedan i grädden och koka snabbt tills det tjocknat något.
f) Krydda försiktigt med salt, peppar och droppar citronsaft.
g) Häll såsen över suprêmes, strö över persilja och servera genast.

30. Risotto

INGREDIENSER:

⅓ kopp finhackad lök
2 msk smör
En tung 6-kopps kastrull eller en brandsäker gryta
1 kopp otvättat rått vitt ris
2 dl kycklingfond eller buljong, uppvärmd till kokning
Salt och peppar
En liten örtbukett: 2 persiljekvistar, ⅓ lagerblad och ⅛ tsk timjan bunden i tvättad ostduk

INSTRUKTIONER:

Koka löken långsamt i smöret i flera minuter tills den är mjuk och genomskinlig. Tillsätt riset och rör om på måttlig värme i 3 till 4 minuter tills riskornen, som först blir genomskinliga, blir mjölkvita. Detta steg kokar den mjöliga risbeläggningen och förhindrar att kornen klibbar ihop. Rör sedan i kycklingfonden, smaka av lätt med salt och peppar och lägg i örtbuketten. Rör om kort tills sjudningen uppnås, täck sedan ordentligt och tillaga vid måttlig sjud på spisen eller i en förvärmd 350 graders ugn. Reglera värmen så att riset har absorberat vätskan på cirka 18 minuter, men rör inte om i riset alls under tillagningen. När det är klart, fluffa lätt med en gaffel, tillsätt mer salt och peppar om det behövs. (Risotton kan tillagas i förväg och ställas åt sidan utan lock; för att värma upp, lägg i en kastrull med sjudande vatten, täck över riset och fluffa med en gaffel då och då tills riset är genomvarmt. Koka inte för mycket.)

31. Haricots Verts Au Maître d'Hôtel

INGREDIENSER:
PRELIMINÄR TILLAGNING ELLER BLANSERING
3 lbs. färska gröna bönor
En stor vattenkokare som innehåller 7 till 8 liter snabbt kokande vatten
$3\frac{1}{2}$ msk salt
SERVERING
En tung 8- till 10-tums emaljerad eller non-stick kastrull eller stekpanna
Salt och peppar
3 till 4 msk smör
1 tsk citronsaft
2 till 3 msk finhackad färsk persilja

INSTRUKTIONER:
Snap ändar av bönor. Strax före tillagning, tvätta snabbt under varmt vatten. Släpp bönorna i en vattenkokare, tillsätt salt och koka snabbt upp igen. Koka utan lock i 8 minuter, testa sedan en böna genom att äta den. Bönorna är färdiga när de är möra men ändå behåller en antydan av krispighet. Så fort de är färdiga, lägg ett durkslag över grytan och rinna av vattnet från bönorna. Kör sedan kallt vatten i en vattenkokare i flera minuter för att kyla bönorna och för att ställa in färg och konsistens. Dränera. Ställ åt sidan tills den ska användas.

För att servera, släng bönorna i kastrullen eller stekpannan över måttligt hög värme för att förånga all fukt. Blanda sedan med salt, peppar och smöret tills det är väl uppvärmt - 2 minuter eller så. Rör om igen med en tesked citronsaft och den hackade persiljan. Servera omedelbart.

32. Terrine De Porc, Veau, Et Jambon

INGREDIENSER:
DEN GRUNDLÄGGANDE PÂTÉBLANDNINGEN
½ kopp finhackad lök
2 msk smör
En liten stekpanna
En 3-liters blandningsskål
½ kopp torr portvin eller Madeira, eller konjak
¾ lb. (1½ dl) finmalet magert fläsk
¾ lb. (1½ dl) finmalet magert kalvkött
½ lb. (1 kopp) malet färskt fläskfett (se anteckningar i början av receptet)
2 lätt uppvispade ägg
½ tsk salt
½ tsk peppar
½ tsk timjan
Stor nypa kryddpeppar
En liten pressad vitlöksklyfta

KALVKÖTSREMSEN
½ lb. magert kalvkött från rund- eller filén, skuren i ¼-tums remsor
En skål
3 msk konjak
Salt och peppar
Nyp varsin timjan och kryddpeppar
1 msk finhackad schalottenlök eller salladslök
Valfritt: 1 eller fler konserverade tryffel skurna i ¼-tums tärningar och juice från burk

FORMA PâTÉEN
En 2-quarts ugnsform eller panna (se anteckningar i början av receptet)
Tillräckligt med ark eller remsor av fläskfett för att omsluta paté (se anteckningar i början av receptet)

4 koppar av den grundläggande patéblandningen
½ lb. mager kokt skinka skuren i remsor ¼ tum tjocka
1 lagerblad
Aluminiumfolie
Ett kraftigt lock för ugnsform eller panna
En form för att hålla en ugnsform i ugnen

INSTRUKTIONER:
Koka löken långsamt i smöret tills den är mjuk och genomskinlig; skrapa sedan ner dem i mixerskålen. Häll vinet i stekpannan och koka tills det reducerats till hälften; lägg till löken i mixerskålen.

Vispa kraftigt köttfärs, fett, ägg och kryddor i löken tills allt är ordentligt blandat och konsistensen har mjuknat och ljusnat - 2 till 3 minuter. Fräs en liten sked tills den är genomstekt; smaka av och korrigera eventuellt krydda.

Medan du förbereder andra ingredienser som följer, marinera kalvköttet i en skål med konjaken och andra kryddor, inklusive valfria tryffel och saften från deras burk. Innan du använder, dränera kalvköttet och tryffeln; reservera marinaden.

(Förvärm ugnen till 350 grader för nästa steg.)

Klä botten och sidorna av skålen med strimlor av fläskfett, tryck fast det ordentligt. Vispa kalvköttsmarinad i den grundläggande patéblandningen och fördela en tredjedel i botten av formen. Täck med hälften av remsorna av marinerat kalvkött, omväxlande med hälften av remsorna av skink. Om du använder tryffel, placera dem i en rad i mitten. Täck med hälften av den återstående patéblandningen, resten av kalv- och skinkstrimlorna, mer tryffel och till sist det sista av patéblandningen. Lägg lagerbladet ovanpå; täck med ett ark eller remsor av fläskfett. Omslut toppen av fatet med aluminiumfolie och sätt på locket (lägg en vikt ovanpå om locket är löst eller tunt).

BAKNING PâTÉEN

Ställ en form i en lite större panna och häll i tillräckligt med vatten för att komma upp två tredjedelar. Ställ in i den nedre tredjedelen av förvärmd 350 graders ugn och grädda i cirka $1\frac{1}{2}$ timme, eller tills patéen har krympt något från ugnsformen och all vätska och omgivande juice är klargula utan spår av rosa färg.

KYLNING, KYLNING OCH SERVERING

När det är klart, ta upp skålen ur vattnet och lägg den på en tallrik. Ta av locket och lägg en träbit, en panna eller en form ovanpå folien som passar i ugnsformen. På eller i den, placera en 3- till 4-pund vikt eller delar av en köttkvarn; detta kommer att packa ner patén så att det inte blir några luftutrymmen senare. Kyl i rumstemperatur i flera timmar, kyl sedan, fortfarande nedtyngd, i 6 till 8 timmar eller över natten.

Skär serveringsskivor direkt från ugnsformen vid bordet, eller ta bort patén, skala av fläskfettet och servera patén dekorerad i aspic. (Obs: Om du förvarar den i mer än 2 eller 3 dagar i kylskåpet, ta bort den kylda patén och skrapa bort all köttgelé från ytan, eftersom det är geléen som förstörs först. Torka patén torr och lägg tillbaka till ugnsform eller wrap. i vaxat papper eller plastfolie.)

33. Épinards Au Jus; Épinards a La Crème

INGREDIENSER:
PRELIMINÄR TILLAGNING ELLER BLANSERING

3 lbs. färsk spenat
En stor vattenkokare som innehåller 7 till 8 liter snabbt kokande vatten
3½ msk salt
En hackkniv i rostfritt stål

SERVERING

2 msk smör
En tjockbottnad 8-tums emaljerad kastrull eller stekpanna
1½ msk siktat mjöl
1 dl nötbuljong, konserverad nötbuljong eller tjock grädde
Salt och peppar
1 till 2 msk mjukat smör

INSTRUKTIONER:

Putsa och tvätta spenaten. Släpp det i det kokande vattnet en handfull i taget, tillsätt salt och koka långsamt, utan lock, i 2 till 3 minuter, eller tills spenaten är mjuk. Häll av, kör kallt vatten i en vattenkokare i en minut eller två, låt rinna av igen. Krama ur spenaten så mycket vatten som möjligt med nävar. Hacka. Ställ åt sidan tills den ska användas. (Gör cirka 3 koppar.)

Smält smöret i kastrullen. När det bubblar, tillsätt den hackade spenaten och rör om på måttligt hög värme i 2 till 3 minuter för att avdunsta fukt. När spenaten precis börjar fästa i botten av pannan, sänk värmen till måttlig och rör ner mjölet. Koka, rör om, i 2 minuter. Ta av från värmen och blanda i fonden, buljongen eller grädden. Krydda lätt, låt sjuda, täck och koka mycket långsamt i 10 till 15 minuter. Rör om ofta för att förhindra sveda. Korrigera kryddningen, rör i mjukt smör och servera.

34. Carottes Étuvées Au Beurre / Morötter bräserade i smör

INGREDIENSER:

5 till 6 koppar skalade och skivade eller fjärdedelar morötter (ca 1½ lbs.)
En tjockbottnad 2-quarts emaljerad kastrull
1 msk strösocker
1½ dl vatten
1¼ msk smör
½ tsk salt
Nypa peppar
2 msk färsk hackad persilja
1 till 2 msk extra smör

INSTRUKTIONER:

Lägg morötterna i kastrullen med socker, vatten, smör, salt och peppar. Täck över och koka långsamt i cirka 30 minuter, eller tills morötterna är mjuka och vätskan har avdunstat. Rätt krydda. Strax före servering, värm upp igen genom att blanda med persiljan och ytterligare smör.

35. Champignons Farcis / Fyllda svampar

INGREDIENSER:
12 stora svampar
2 till 3 msk smält smör
En grund ugnsform
Salt och peppar
2 msk hackad schalottenlök eller salladslök
2 msk smör
½ msk mjöl
½ kopp tung grädde
3 msk färsk hackad persilja
Ytterligare salt och peppar
¼ kopp riven schweizisk ost
1 till 2 msk smält smör

INSTRUKTIONER:
Ta bort svampstjälkar och reservera. Tvätta och torka locken, pensla med smält smör och lägg med den ihåliga sidan upp i ugnsformen. Krydda lätt med salt och peppar.
Tvätta och torka stjälkarna och hacka. Vrid i handdukens hörn för att extrahera så mycket juice som möjligt. Fräs med schalottenlöken eller salladslöken i smör i 4 eller 5 minuter tills bitarna börjar separera. Sänk värmen, tillsätt mjöl och rör om i 1 minut. Rör ner grädden och låt sjuda i en minut eller två tills den tjocknat. Rör ner persilja och kryddor. Fyll svamplocken med denna blandning; toppa vardera med 1 tsk ost och droppa på droppar av smält smör. Ställ åt sidan tills du är klar att tillaga färdig.
Femton minuter eller så innan servering, grädda i den övre tredjedelen av en förvärmd 375 graders ugn tills kapsylerna är mjuka och fyllningen har fått en lätt färg på toppen.

36. Escalopes De Veau Sautées a l'Estragon

INGREDIENSER:
4 eller fler kalvköttsmusslor
1½ msk smör
½ msk matolja
En 10-tums emaljerad eller non-stick stekpanna
SÅS OCH SERVERING
1 msk hackad schalottenlök eller salladslök
Valfritt: ¼ kopp Sercial Madeira eller torr vit vermouth
½ msk torkade dragonblad
1 kopp brun buljong eller konserverad nötbuljong; eller ¼ kopp fond och 1 kopp tjock grädde
Valfritt: 1 dl champinjoner, tidigare sauterade i smör i ca 5 minuter
½ msk majsstärkelse blandad till en pasta med 1 msk vatten
Salt och peppar
1 msk mjukt smör
En varm serveringsfat
Persiljekvistar

INSTRUKTIONER:
Torka pilgrimsmusslor ordentligt på hushållspapper. Hetta upp smör och olja i stekpannan på hög värme. När smörskummet nästan har lagt sig men inte får färg, tillsätt pilgrimsmusslor. Träng dem inte ihop; koka dem några åt gången om det behövs. Stek på ena sidan i cirka 4 minuter, reglera värmen så att fettet alltid är väldigt varmt men inte brynt; vänd sedan och fräs kött på andra sidan. Pilgrimsmusslor är färdiga när de bara tål trycket från dina fingrar, och safterna blir klargula när köttet stickas. Ta ut pilgrimsmusslorna i ett tillbehör och gör såsen så här:
Häll allt utom en matsked fett från stekpannan. Tillsätt schalottenlök eller salladslök och rör om på måttlig värme i

½ minut. Tillsätt sedan det valfria vinet, dragonen och fonden eller buljongen. Skrapa upp all koagulerad sautéjuice med en träslev och låt puttra en stund. (Om du använder grädde, tillsätt den nu.) Koka snabbt för att reducera vätskan till cirka ⅔ kopp. Ta av från värmen, slå i majsstärkelseblandningen och valfri svamp. Sjud under omrörning i 2 minuter. Krydda pilgrimsmusslorna lätt med salt och peppar, lägg tillbaka dem i pannan och strö med såsen. Rätt krydda. Ställ åt sidan utan lock tills några minuter före servering.

Strax före servering, värm upp till sjud, tröja pilgrimsmusslor med sås i en minut eller två tills de är genomvärmda. Ta bort från värmen, lägg pilgrimsmusslor på ett varmt serveringsfat och tillsätt smör till såsen i pannan. Snurra pannan tills smöret har absorberats och häll sedan såsen över pilgrimsmusslorna. Dekorera med persilja och servera genast.

37. Escalope De Veau Gratinées

INGREDIENSER:

3 msk smör
En tjockbottnad 2-liters kastrull
4 msk mjöl
2 dl varm kalv- eller kycklingfond eller buljong
En trådpiska
½ kopp finhackad lök, tidigare kokad i smör tills den är genomskinlig
1 dl skivad champinjoner, sauterade i smör i ca 5 minuter
⅓ kopp tung grädde
½ kopp riven schweizisk ost
En ugnsform, 2 tum djup
Salt, peppar och citronsaft
4 till 8 tidigare sauterade kalvköttsmusslor eller skivad överbliven kalvstek
Valfritt: 4 till 8 skivor mager kokt skinka
1 msk mjukat smör

INSTRUKTIONER:

Värm ugnen till 375 grader.
Smält smör i en kastrull, blanda sedan i mjöl och koka långsamt under omrörning i 2 minuter utan att bryna. Avlägsna från värme. Häll i all het buljong eller buljong på en gång och vispa kraftigt med en trådvisp för att blanda. Koka under omrörning i 1 minut. Rör ner kokt lök och låt sjuda i 5 minuter. Rör ner svamp och låt sjuda i 5 minuter till. Späd ut med skedar grädde, men såsen ska vara ganska tjock. Korrekt krydda; tillsätt två tredjedelar av osten. Smöra lätt ugnsformen. Bred ut en eller två sked sås på botten av fatet. Salta och peppra kalvkött och lägg i överlappande skivor i en form, med en sked sås och en skiva valfri skinka mellan varje. Täck med resterande sås, strö över resterande

ost och strö över med smör. Ställ åt sidan eller kyl till cirka ½ timme innan servering.

För att avsluta tillagningen, placera i den övre tredjedelen av en förvärmd 375 graders ugn tills det bubblar och toppen har fått lite färg. Överkok inte.

38. Foies De Volaille Sautés, Madeire

INGREDIENSER:
1 lb. kycklinglever (ca 2 koppar)
Salt och peppar
½ dl mjöl i en tallrik
En stor sil
2 msk smör
1 msk matolja
En tung 10-tums emaljerad eller non-stick stekpanna
Valfritt: 1 kopp tärnad kokt skinka, tidigare sauterad i smör, och/eller 1 kopp kvarterad färsk svamp, tidigare sauterad i smör
½ dl köttbuljong eller buljong
⅓ kopp torr Sercial Madeira
1 msk mjukt smör
1 msk färsk hackad persilja

INSTRUKTIONER:
Plocka över kycklinglevrarna; skär ut eventuella filament och svarta eller grönaktiga fläckar (dessa orsakas av gallsäcken som vilade på levern före rengöring). Torka på hushållspapper. Strax före tillagning, strö lätt över salt och peppar, rulla i mjöl och skaka sedan i en sil för att få bort överflödigt mjöl.
Smält smör och olja i stekpannan på medelhög värme. När du ser att smörskummet börjar avta, lägg i kycklinglevrarna. Kasta ofta i 3 till 4 minuter tills levern är lätt brynt; de är klara när de bara är fjädrande med fingret. Överkok inte. Tillsätt valfri sauterad skinka och svamp, häll i fonden och vinet och låt sjuda i 1 minut. Smaka av och rätt krydda. (Sätt åt sidan till senare om du inte är redo att servera.) Värm upp igen precis innan servering, ta sedan bort från värmen och blanda med det mjuka smöret och persiljan.

39. Timbale De Foies De Volaille / Kycklinglevermögel

INGREDIENSER:
VANLMILJUSBLANDNINGEN
1 lb. kycklinglever (ca 2 koppar)
2 ägg (USA klassade "large")
2 äggulor
$\frac{1}{4}$ tsk salt
$\frac{1}{8}$ tsk peppar
1 kopp tjock vit sås ($1\frac{1}{2}$ msk smör, 2 msk mjöl och 1 dl mjölk)
Valfritt: ⅓ kopp tung grädde
2 tb port, Madeira eller konjak
BAKA OCH SERVERING
En 4-kopps bakform $2\frac{1}{4}$ till 3 tum djup, eller 8 halva koppar ramekins eller vaniljsåsmuggar
1 msk mjukat smör
En kastrull med kokande vatten för att hålla en ugnsform eller ramekins
2 koppar hollandaise eller bearnaise; eller gräddsås smaksatt med 1 tsk tomatpuré och dragon eller persilja (se denna sida)

INSTRUKTIONER:
Plocka över kycklinglever, skär ut eventuella filament och svarta eller grönaktiga fläckar. Lägg dem i burken på en elektrisk mixer med ägg, äggulor, salt och peppar och mixa i 1 minut. Tillsätt den vita såsen och vinet eller konjaken, mixa i 15 sekunder till och sila genom en sil i en skål. (Eller puré kycklinglever genom en matkvarn eller köttkvarn i en skål, vispa i resten av ingredienserna och tryck igenom en sil.)
Värm ugnen till 350 grader.
Smörj en lätt hinna av smör inuti en ugnsform eller ramekins och fyll till inom $\frac{1}{8}$ tum från toppen med leverblandningen. När du är redo att baka, lägg i en kastrull med kokande

vatten och placera sedan i mitten av den förvärmda ugnen. Reglera vattnet i pannan så att det nästan sjuder men inte riktigt. Timbalen är klar när den visar en mycket svag linje av krympning från skålen, och när en kniv som störts i mitten kommer ut ren. Låt cirka 30 minuter i ugnen för en timbale gjord i en ugnsform; cirka 20, om du använder ramekins. (Om den inte serveras omedelbart, låt stå i en kastrull med vatten i avstängd ugn, med luckan på glänt - eller värm upp om det behövs.)

För att lösa ut en timbal gjord i en ugnsform, låt stå i 5 minuter om du precis har gräddat klart, kör sedan en kniv runt kanten på timbalen. Vänd en lätt smörad varm serveringsfat upp och ner över formen, vänd sedan de två, vilket ger ett kraftigt nedåtgående ryck, och timbalen faller på plats. För att lösa ut ramekins, kör en kniv runt kanten på var och en och forma ut dem på varma tallrikar eller ett fat, vilket ger ett skarpt ryck nedåt för varje precis i slutet.

Häll såsen över och runt timbalen eller ramekins och servera omedelbart, låt resten av såsen gå i en uppvärmd skål.

Timbales är bäst som en separat rätt, med varmt franskt bröd och en kyld vit Bourgogne, Graves eller Traminer.

40. Canard a l'Orange / Helstekt anka med apelsinsås

INGREDIENSER:
LAGER FÖR SÅSEN
- Anka vingändar, hals, inälvor
- 2 msk matolja
- 1 medelstor morot, skivad
- 1 medelstor lök, skivad
- 1 dl nötbuljong
- 2 koppar vatten
- 4 persiljekvistar, 1 lagerblad och $\frac{1}{4}$ tsk salvia

Apelsinskalet
- 4 färgglada apelsiner, navel eller Valencia, om möjligt
- 1 liter vatten

ROSTA ANKA
- Stektid: 1 timme och 30 till 40 minuter.
- En 5-lb. färdiglagad ankunge
- $\frac{1}{2}$ tsk salt
- $\frac{1}{8}$ tsk peppar
- ⅓ av det förberedda apelsinskalet
- En grund stekpanna med galler, precis stor nog att rymma ankan lätt

FORTSÄTTAR MED SÅSEN; ORANGE SEGMENTEN
- 3 msk strösocker
- $\frac{1}{4}$ kopp rödvinsvinäger
- De 2 kopparna ankfond
- 2 Tb pilrot blandad med 2 Tb port
- Resten av apelsinskalet, och apelsinerna

SLUTMONTERING OCH SERVERING
- $\frac{1}{2}$ kopp torr port
- Den beredda såsbasen
- 2 till 3 msk apelsinlikör
- Droppar av apelsinbitter eller citronsaft
- 2 till 3 msk mjukat smör

INSTRUKTIONER:
a) Hacka ankvingarnas ändar, hals och inälvor i 1-tums bitar. Bryn i en stekpanna i het matolja med den skivade moroten och löken. Överför till en tjock kastrull, tillsätt buljong och tillräckligt med vatten för att täcka med 1 tum. Låt sjuda upp, skumma av avskum, tillsätt sedan örterna och låt sjuda i 2 till $2\frac{1}{2}$ timme. Sila, skumma bort allt fett och koka ner tills du har 2 dl vätska. När den är kall, täck över och kyl tills den behövs.
b) Använd en grönsaksskalare, ta bort bara den orange delen av skalet i strimlor. Skär i fina julienne (små remsor inte mer än 1/16 tum breda och $1\frac{1}{2}$ tum långa). Sjud i 15 minuter i 1 liter vatten för att ta bort bitterhet; låt rinna av, skölj i kallt vatten och torka i hushållspapper. En del av skalet går ner i såsen; del, inuti ankan. Slå in den i vaxat papper och kyl om du inte är redo att använda den. Slå in och kyl de delvis skalade apelsinerna till senare.
c) Förbered ankan enligt beskrivningen i början av receptet; torka ordentligt, krydda håligheten med salt och peppar och tillsätt apelsinskalet. Fackverksvingar och ben mot kroppen och stäng hålrummet. För korrekt timing måste ankan vara i rumstemperatur.
d) Om du steker ankan på ett roterande spett, använd måttligt hög värme. För ugnsstekning, förvärm till 450 grader och ställ upp ankbröstet på ett galler i en stekpanna; efter 15 minuter, vrid ner ugnen till 350 grader, vänd sedan ankan från den ena sidan till den andra var 15:e minut och på ryggen under de sista 15 minuterna. Tråckling är inte nödvändigt.

e) För att se när ankan är färdig, stick den tjockaste delen av trumstickan djupt med en gaffel: safterna ska bli svagt rosa för att klarna; när ankan tömts ska de sista dropparna saft från öppningen bli svagt rosa till klargul.
f) Blanda sockret och vinägern i en liten kastrull, rör runt värmen för att smälta sockret helt och koka sedan snabbt tills blandningen är en karamellbrun. Ta bort från värmen och vispa i hälften av ankfonden; sjud under omrörning för att lösa upp karamellen. Ta av från värmen, häll i resten av ankfonden och blanda i pilrotsblandningen. Tillsätt apelsinskal och låt sjuda i 3 till 4 minuter; noggrant rätta kryddningen. Såsen blir något tjockare och klar.
g) Strax före servering skär du den vita delen av skalet av apelsinerna och skär sedan apelsinerna i snygga, skalfria segment – om de görs för långt fram kommer segmenten inte att smaka fräscht. Kyl i en täckt skål tills servering.
h) När ankan är färdig, lägg på serveringsfat och kasta trusssnören; håll den varm i avstängd ugn tills den ska serveras. Sked fett ur långpannan, häll i portvinet och skrapa upp all koagulerad steksaft med en träslev. Häll blandningen i såsen och låt sjuda upp, tillsätt apelsinlikör. Smaka noga; tillsätt droppar bitter eller citronsaft om såsen verkar för söt. Strax före servering, ta av från värmen och rör i smör, en matsked i taget.
i) Dekorera ankbröst med apelsinsegment och stapla resten av segmenten i vardera änden av fatet; sked lite sås och skala över ankan, häll resten i en varm såsbåt och servera.

41. Canard a La Montmorency

INGREDIENSER:

1 msk citronsaft
3 tb port eller konjak
Socker efter smak (2 till 3 tb)
4 dl köttgelé med vinsmak i en kastrull
En 12-tums serveringsfat
En 4½-lb. rostad anka, kyld och skuren i portionsbitar

INSTRUKTIONER:

Kasta körsbären i en skål med citronsaft, portvin eller konjak och socker. Låt dem macerera (branta) i 20 till 30 minuter. Tillsätt sedan körsbären och deras macerationsjuicer till köttgeléen. Om du använder färska körsbär, värm till under kokpunkten i 3 till 4 minuter för att pochera försiktigt utan att spricka; värm 1 minut endast för konserverade körsbär. Häll av och kyl.

Häll ett ⅛-tums lager av varm gelé i ett fat och kyl i 15 till 20 minuter tills det stelnat. Skala skinnet från den snidade ankan och arrangera ankbitar i en snygg design över ett kylt gelélager på ett fat. Sked ett lager kall sirapsgelé över ankan (det första lagret fäster inte så bra), kyl i 10 minuter och upprepa med på varandra följande lager tills du har en 1/16-tums beläggning.

Doppa kylda körsbär i lite sirapsgelé, arrangera över ankan och kyl igen tills den stelnat. Häll ett sista lager eller två av gelé över anka och körsbär. Häll återstående gelé i en tallrik, kyl, hacka och skeda runt ankan. Om du har extra gelé kan du också vilja göra fler dekorationer med geléutskärningar. Ställ ankan i kylen tills serveringen är klar – du kan göra rätten färdig en dag i förväg.

42. Homard a l'Américaine

INGREDIENSER:
SÅTAR HUMMER
Tre 1½-lb. levande hummer
3 msk olivolja
En tung 12-tums emaljerad stekpanna eller gryta
Sjud i vin och smakämnen
1 medelstor morot, fint tärnad
1 medelstor lök, fint tärnad
Salt och peppar
3 msk hackad schalottenlök eller salladslök
1 pressad vitlöksklyfta
⅓ kopp konjak
1 lb. tomater, skalade, kärnade, saftade och hackade; eller
⅓ kopp vanlig tomatsås
2 msk tomatpuré, eller mer tomatsås om det behövs
1 dl fiskfond eller ⅓ dl musselsjuice
1 kopp torr vit vermouth
½ dl köttbuljong eller buljong
2 msk finhackad persilja
1 tsk torkad dragon, eller 1 msk färsk dragon
AVSLUTAR HUMMER
Hummerkorallen och grön materia
6 msk mjukat smör
En sikt över en 2-liters skål
En träslev
SERVERING
En ring av ångat ris eller risotto på ett hett, lätt smörat fat
2 till 3 msk hackad persilja, eller persilja och färsk dragon

INSTRUKTIONER:

Förbered hummerna enligt beskrivningen i föregående stycke. Hetta upp oljan i stekpannan tills den är väldigt varm men inte ryker. Lägg i hummerbitarna med köttsidan nedåt och fräs i flera minuter, vänd på dem, tills skalen är klarröda. Ta upp hummern till ett tillbehör.
Värm ugnen till 350 grader.
Rör ner den tärnade moroten och löken i stekpannan och koka långsamt i 5 minuter eller tills de nästan är mjuka. Krydda hummern med salt och peppar, lägg tillbaka till stekpannan och tillsätt schalottenlök eller salladslök och vitlök. Med en stekpanna på måttlig värme, häll i konjaken. Avvänd ansiktet, tänd konjaken med en tänd tändsticka och skaka stekpannan långsamt tills lågorna har lagt sig. Rör ner resten av ingredienserna, låt sjuda, täck och tillaga långsamt antingen ovanpå spisen eller i mitten av en förvärmd ugn. Reglera värmen så att hummer puttrar tyst i 20 minuter.
Medan hummern puttrar, tvinga hummerkorallen och grönsaken med smöret genom silen och ner i skålen. Avsätta. När hummern är klar, ta upp den till ett tillbehör. (Ta ut köttet ur skalen om du måste.) Ställ pannan med kokvätskan på hög värme och koka snabbt tills såsen har reducerats och tjocknat något; det kommer att tjockna mer när smör-och-korallblandningen tillsätts senare. Smaka av mycket noggrant för smaksättning. Häll tillbaka hummern i såsen.
Receptet kan vara färdigt till denna punkt och färdigt senare.
Låt hummern sjuda tills den är väl genomvärmd. Avlägsna från värme. Vispa en halv kopp av den varma såsen droppvis i korall-och-smörblandningen och häll sedan tillbaka blandningen över hummern. Skaka och snurra pannan på låg värme i 2 till 3 minuter för att pochera korallen och tjockna såsen, men låt inte sjuda upp.

Ordna hummer och sås i risringen, dekorera med örter och servera genast. Ett starkt, torrt vitt vin som Bourgogne eller Côtes du Rhône skulle vara ditt bästa val.

43. Potee Normande: Pot-Au-Feu

INGREDIENSER:
NÖT- OCH FLÄSK ELLER KALVKÖTT
- En vattenkokare som är tillräckligt stor för att rymma alla ingredienser som anges i receptet
- En 4-lb. benfri biff-chuck grytstek
- En 4-lb. benfritt fläsk- eller kalvkött
- 2 vardera revbenselleri, morötter, lök
- 1 lb. nöt- och kalvben, spruckna
- En stor örtbukett: 8 persiljekvistar, 6 pepparkorn, 4 klyftor, 3 vitlöksklyftor, 2 tsk timjan, 2 lagerblad, allt bundet i tvättad ostduk
- 2 msk salt

KYCKLING OCH PAPPA
- 4 koppar gammalt vitt brödsmulor
- En stor blandningsskål
- $\frac{1}{4}$ till $\frac{1}{2}$ kopp buljong eller mjölk
- $\frac{1}{4}$ kopp smält smör
- $\frac{1}{4}$ kopp tärnad kokt skinka
- 3 uns ($\frac{1}{2}$ paket) färskost
- $\frac{1}{2}$ tsk timjan
- 1 ägg
- Den hackade kycklinglevern, hjärtat och skalade kråsen, tidigare sauterade i smör med ⅔ kopp hackad lök
- Salta och peppra efter smak
- En 4-lb. stuva kyckling

GRÖNTSAKSGARNERING OCH KORV
- Morötter, skalade och delade i fjärdedelar
- Rovor, skalade och delade i fjärdedelar
- Lök, skalad, genomborrade rotändar
- Purjolök, skuren till 6 till 8 tum lång, grön del delad på längden, noggrant tvättad
- Hel polsk korv eller individuella italienska korvar

INSTRUKTIONER:
a) Ha nöt- och fläsk- eller kalvköttet ordentligt bundna; till varje köttbit fäster du ett snöre som är tillräckligt långt för att kunna fästas i vattenkokarens handtag. Placera nötkött i en vattenkokare; knyt snöre att hantera. Tillsätt grönsaker, ben, örtbukett och salt och täck med 6 tum med kallt vatten. Låt sjuda, skumma av avskum och låt sjuda i 1 timme. Tillsätt sedan kalv- eller fläsk.
b) Lägg brödsmulor i en skål, fukta med lite buljong eller mjölk, vispa sedan i smör, skinka, ost, timjan, ägg och inälvor och smaka av med salt och peppar. Stoppa och trussa kycklingen, knyt ett långt snöre till den, lägg i en vattenkokare och knyt änden av snöret för att hantera. Låt snabbt koka upp vattenkokaren och skumma efter behov.
c) Förbered grönsaker och bind varje grupp i tvättad ostduk; lägg i vattenkokaren $1\frac{1}{2}$ timme innan den beräknade koktiden är slut. Lägg till korv, eller korv (bunden i ostduk), $\frac{1}{2}$ timme innan slutet.
d) Kött och kyckling är färdiga när en gaffel lätt sticker hål i köttet. Om potee är klar innan du är redo, kommer den att hålla sig varm i bra 45 minuter, eller kan värmas upp igen.

SERVERING

e) För att servera, låt köttet rinna av, skär och släng strängar och arrangera kött och kyckling på en stor, varm tallrik. Fördela grönsakerna runtom, strö över persilja och strö över lite av matlagningsfonden. Sila och avfetta en skål med matlagningsfond för att servera till tallriken.

f) Föreslagna tillbehör: kokt ris eller potatis; tomat-, kapris- eller pepparrotssås; Kosher salt; ättiksgurka; franskt bröd; rött eller rosévin.

44. Filets De Poisson En Soufflé

INGREDIENSER:
POCHA FISKEN
- ½ lb. skinnfria flundra eller tungafiléer
- En kastrull i emaljerad eller rostfritt stål
- ½ kopp torr vit vermouth
- plus vatten, eller 1½ dl vitvinsfiskfond
- 1 msk hackad schalottenlök, salladslök eller salladslök
- Salt och peppar

SOUFFLEBLANDNINGEN
- 2½ msk smör
- 3 msk mjöl
- En 2½ liters kastrull
- ¾ kopp varm mjölk
- Salt, peppar och muskotnöt
- 1 äggula
- 5 st hårt vispade äggvitor
- ½ kopp grovriven schweizerost

INSTRUKTIONER:
a) Lägg fisken i kastrullen med vermouth eller fiskfond och tillräckligt med kallt vatten för att täcka. Tillsätt schalottenlök och kryddor.

b) Sjud utan lock i cirka 6 minuter, eller tills fisken precis är genomstekt; ta bort fisken till ett tillbehör. Koka snabbt ner matlagningsvätskan tills du har cirka ½ kopp; reservera hälften till suffléblandningen och resten till såsen.

c) Koka ihop smör och mjöl i kastrullen i 2 minuter utan att det får färg. Avlägsna från värme. Slå i den varma mjölken med en trådvisp, sedan ¼ kopp av fiskkokningsvätskan. Koka upp under omrörning i 1 minut. Avlägsna från värme. Vispa i äggulan. Rör ner en fjärdedel av den vispade äggvitan och vänd sedan försiktigt ner resten av äggvitan och allt utom 2 matskedar av osten.

BAKNING AV SOUFFLEN

d) Värm ugnen till 425 grader.
e) Smörj lätt en oval eldfast tallrik ca 16 tum lång. Bred ut ett $\frac{1}{4}$-tums lager suffléblandning i botten av tallriken. Flinga de pocherade fiskfiléerna och dela i 6 portioner på fatet. Lägg resten av suffléblandningen över fisken och gör 6 högar.
f) Strö över resterande ost och ställ på ett galler i den övre tredjedelen av den förvärmda ugnen. Grädda i 15 till 18 minuter, eller tills suffléen har svällt och fått färg på toppen.

45. Cassoulet

INGREDIENSER:
BÖNORNA
- En 8 liter vattenkokare som innehåller 5 liter snabbt kokande vatten
- 5 koppar (2 lbs.) torra vita bönor (Great Northern eller small white California)
- ½ lb. färsk eller salt fläskskal
- 1 lb. magert salt fläsk sjudas i 10 minuter i 2 liter vatten
- En tung kastrull
- 1 kopp skivad lök
- En stor örtbukett: 8 persiljekvistar, 4 oskalade vitlöksklyftor, 2 klyftor, ½ tsk timjan och 2 lagerblad alla knutna i tvättad ostduk
- Salt

FLÄSKET
- 2½ lbs. urbenad fläskstek (rygg eller skuldra), överflödigt fett avlägsnat

LAMMET
- 2½ lbs. urbenad lammaxel
- 3 till 4 TB matolja
- En tung flamsäker gryta eller stor stekpanna
- 1 lb. spruckna lammben
- 2 dl hackad lök
- 4 klyftor pressade vitlök
- 6 TB tomatpuré
- ½ tsk timjan
- 2 lagerblad
- 2 koppar torr vit vermouth
- 3 dl nötbuljong
- 1 kopp vatten
- Salt och peppar

HEMMADE KORV TAKOR

- 1 lb. (2 koppar) magert malet fläsk
- ⅓ lb. (⅔ kopp) färskt, malet fläskfett
- 2 tsk salt
- ⅛ tsk peppar
- Stor nypa kryddpeppar
- ⅛ tsk smulat lagerblad
- En liten pressad vitlöksklyfta
- Valfritt: ¼ kopp konjak eller armagnac och/eller 1 liten hackad tryffel och juice från burk

SLUTMONTERING
- 2 dl torrt vitt brödsmulor
- ½ kopp finhackad persilja
- En 8-quarts brandsäker gryta eller ugnsform 5 till 6 tum hög
- 3 msk fläskfett eller smält smör

INSTRUKTIONER:
a) Släpp bönorna i det kokande vattnet. Koka snabbt upp igen och låt koka i 2 minuter. Ta av från värmen och låt bönorna dra i 1 timme. Placera under tiden fläksvål i en kastrull med 1 liter vatten, låt koka upp och koka i 1 minut. Häll av, skölj i kallt vatten och upprepa processen. Sedan, med en sax, skär svålen i remsor ¼ tum breda; skär remsor i små trianglar. Lägg igen i kastrullen, tillsätt 1 liter vatten och låt sjuda mycket långsamt i 30 minuter; ställ kastrullen åt sidan.

b) Så snart bönorna har blötlagt i 1 timme, tillsätt fläsksaltet, löken, örtpaketet och fläkskalet med kokvätskan i vattenkokaren. Låt sjuda, skumma av avskum och låt sjuda långsamt utan lock i cirka 1½ timme eller tills bönorna är precis mjuka. Tillsätt kokande vatten, om nödvändigt under tillagningen, för att hålla bönorna

täckta. Smaka av med salt i slutet av tillagningen. Låt bönorna ligga i matlagningsvätskan tills de ska användas.
c) Stek fläsket till en innertemperatur på 175 grader. Ställ åt sidan, reservera matlagningsjuicer.
d) Skär lamm i 2-tums bitar, torka ordentligt och bryn några bitar åt gången i mycket het matolja i den eldfasta grytan eller stora stekpannan. Ta bort köttet i ett tillbehör, bryn benen, ta bort dem och bryn löken lätt. Häll av brynt fett, lägg tillbaka kött och ben och rör ner vitlök, tomatpuré, timjan, lagerblad, vin och buljong. Låt sjuda upp, krydda lätt, täck och låt sjuda långsamt i $1\frac{1}{2}$ timme. Kassera ben och lagerblad, skumma bort fettet och smaka av med salt och peppar.
e) Slå ihop alla ingredienser; forma till kakor 2 tum i diameter och $\frac{1}{2}$ tum tjocka. Bryn lätt i en stekpanna och låt rinna av på hushållspapper.
f) Låt bönorna rinna av, kassera örtpaketet och skär saltfläsket i $\frac{1}{4}$-tums portionsskivor. Skär det stekta fläsket i $1\frac{1}{2}$- till 2-tums portionsbitar. Lägg ett lager bönor i botten av grytan eller ugnsformen. Täck med ett lager lamm, fläsk, salt fläsk och korvkakor. Upprepa med lager av bönor och kött, avsluta med ett lager korvkakor.
g) Häll i lammkokningsjuicerna, fläskstekjuicerna och tillräckligt med kokvätska för att knappt täcka det översta lagret av bönor. Blanda ströbröd och persilja, bred över bönorna och korvkakorna och ringla på fettet eller smöret. Ställ åt sidan eller kyl tills den är klar för slutlig tillagning.

BAKNING
h) Värm ugnen till 400 grader.

i) Låt grytan sjuda på toppen av spisen och ställ sedan in den i den övre tredjedelen av den förvärmda ugnen. När toppen har fått en lätt skorpa, på cirka 20 minuter, sänk ugnen till 350 grader. Bryt skorpan i bönorna med baksidan av en sked, och häll på vätskan i grytan.

j) Upprepa flera gånger när skorpan bildas igen, men lämna en sista skorpa intakt för servering. Om vätskan blir för tjock, tillsätt några skedar bönkokningsjuice. Cassoulet ska gräddas i ungefär en timme.

46. Coulibiac De Saumon En Croûte

INGREDIENSER:
BARKDEGEN
- 4 koppar universalmjöl (siktas direkt i varje kopp och jämna ut med en platt kniv)
- En stor blandningsskål
- 1¾ pinnar (7 ounces) kylt smör
- 4 msk kyld grönsaksfett
- 2 tsk salt löst i ¾ kopp kallt vatten
- 1 eller mer tb kallt vatten, efter behov
- 2 msk mjukat smör (för lock)

RISET
- 2 msk hackad lök
- 2 msk smör
- En tung 2-liters kastrull
- 1½ koppar torrt, rått, vanligt ris
- 3 dl fisk- eller kycklingbuljong
- Salt och peppar

OSTA PÅSKÄRMEN (MOCK SMØRDEG ELLER FLAIG BAG)
- 2 msk mjukat smör

LAXEN OCH SVAMPEN
- 2 dl fint tärnade svampar, tidigare sauterade i smör
- ½ dl finhackad schalottenlök eller salladslök
- 2 msk smör
- ½ kopp torr vit vermouth
- ¼ kopp konjak
- 2½ koppar skinn- och benfri lax, konserverad eller tidigare tillagad
- ½ kopp finhackad färsk persilja
- 1 tsk oregano eller dragon
- Salt och peppar

FYLLNING OCH INREDNING AV FODRET

- 2 koppar välsmakad gräddsås, innehållande laxjuice, om någon
- Äggglasyr (1 ägg vispat med 1 tsk vatten)

INSTRUKTIONER:

a) Häll mjöl i en mixerskål och arbeta ner det kylda smöret och matfettet i det med en konditormixer eller fingrarna tills blandningen liknar grov majsmjöl. Med kupade fingrar på ena handen, blanda snabbt i vattnet, tryck ihop degen, tillsätt mer vatten i droppar om det behövs, för att göra en smidig men inte fuktig och klibbig deg.

b) Samla den till en boll, lägg den på en bräda och tryck snabbt två skedfulla bitar av den ut och bort från dig med hälen på din hand i en 6-tums smeta. Detta utgör den slutliga blandningen av fett och mjöl. Tryck till en boll, linda in i vaxat papper och kyl i 2 timmar eller tills den är fast.

UNDERSÖKNINGEN

c) Värm ugnen till 425 grader.

d) Rulla två tredjedelar av degen till en rektangel $\frac{1}{8}$ tum tjock och tillräckligt stor för att passa på utsidans botten av en brödform 13 till 14 tum lång och 3 tum bred. Smöra utsidan av pannan, vänd den upp och ner och lägg degen över den, låt degen komma ner till ett djup av 2 tum. Putsa degen jämnt runt om och sticka över hela med pinnarna på en gaffel. Grädda i 6 till 8 minuter i en förvärmd ugn, tills degen precis stelnat och börjar få färg. Ta ut och ta ut formen på galler.

e) Rulla resten av degen till en rektangel, bred ut den nedre halvan med 1 msk mjukt smör och vik över den övre halvan för att täcka med botten. Upprepa med ytterligare en matsked smör. Slå in i vaxat papper och kyl.

f) Fräs löken i smör i kastrullen i 5 minuter utan att den får färg. Rör ner riset, koka sakta i flera minuter tills kornen är mjölkaktiga, rör sedan ner buljongen. Koka upp, rör om en gång, täck sedan pannan och låt sjuda utan omrörning under måttlig snabbhet i cirka 18 minuter, tills riset har absorberat vätska. Fluffa lätt med en gaffel och smaka av med salt och peppar. (Kan göras i förväg.)

g) Koka schalottenlöken eller salladslöken långsamt i smöret i 2 minuter; Rör ner svampen, vermouthen och konjaken och koka i flera minuter för att avdunsta alkoholen. Rör sedan i laxen, persiljan och dragonen och värm i flera minuter för att blanda smaker. Smaka av med salt och peppar. (Kan göras i förväg.)

h) Värm ugnen till 425 grader.

i) Lägg bakelseformen på en lätt smörad bakplåt. Lägg ett lager ris i botten av fodralet, täck med ett lager champinjoner och lax, sedan med ett lager sås. Upprepa med lager av ris, lax och sås, fyll din fyllning i en kupol om den svämmar över höljet.

j) Rulla degen som är reserverad för topplocket till en rektangel som är $1\frac{1}{2}$ tum längre och bredare på varje sida än ditt bakverk. Måla sidorna av fodralet med uppvispat ägg, lägg på deglocket och tryck tätt mot fodralet för att täta ordentligt. Kavla ut rester av deg; skär i snygga former. Måla täcket med äggglasyr, fäst dekorationer och måla med ägg.

k) Rita pinnarna på en gaffel över äggglasyren för att göra streckmarkeringar. Stick 2 1/8-tums hål i degtäcket och sätt i pappers- eller folietrattar; dessa kommer att tillåta ånga att strömma ut. (Om du vill fylla och dekorera höljet i förväg, utelämna äggglasyr, använd den endast för att fästa dekorationer. Ställ i kylen tills gräddningstiden, glasera sedan med ägg.)

l) Grädda i mitten av den förvärmda ugnen i 45 till 60 minuter (längre om formen har kylts) tills bakverket är fint brunt och du kan höra bubblande ljud som kommer upp genom trattarna.

SERVERING

m) Du kommer nog vilja ha en sås till detta; den behöver fuktas lite när du äter den – smält smör, citronsmör, lätt gräddsås med citronsmak, mock hollandaise. Smörde ärtor passar fint till, eller en grön eller blandad grönsakssallad.

n) Servera ett vitt Bourgogne- eller Traminer-vin.

47. Veau Sylvie

INGREDIENSER:
SKLIVA OCH MARINERA KALVKÖTTET
- En 3½-punds benfri kalvstek

MARINADE INGREDIENSER
- ⅓ kopp konjak
- ⅓ kopp torr Sercial Madeira
- ½ kopp vardera skivade morötter och lök
- En stor örtbukett: 4 persiljekvistar, 1 lagerblad, ½ tsk timjan och 4 pepparkorn knutna i tvättad ostduk

PAPPA KALVKÖTTET
- 6 eller fler skivor kokt skinka 1/16 tum tjocka
- 12 eller fler skivor schweizisk ost 1/16 tum tjocka
- Om du kan hitta den eller beställa den: En bit caul fett (gris caul)
- Tungt vitt snöre

BRYNNING AV STEN
- 3 msk smör
- 1 msk matolja
- En täckt gryta eller stekare som är tillräckligt stor för att rymma köttet

ROSTA KALVKÖTTET
- ½ tsk salt
- ⅛ tsk peppar
- 2 remsor fett bacon som puttras i 10 minuter i 1 liter vatten, sköljs och torkas (eller en remsa suet)
- En bit aluminiumfolie

SÅS OCH SERVERING
- Ett varmt serveringsfat
- 1 dl nötbuljong eller buljong
- 1 msk majsstärkelse blandat i en liten skål med 2 msk Madeira eller fond
- 2 msk mjukat smör

INSTRUKTIONER:

a) Gör en serie djupa, parallella snitt i steken, cirka 1 tum från varandra, med början på toppen av steken, och gå med säden längs köttets längd från ena änden till den andra, och till inom ½ tum från botten av steken. Du får alltså 3 eller 4 tjocka köttskivor som är fria upptill och på sidorna, men som alla sitter ihop i botten.

b) Om ditt kött innehåller många muskelseparationer kommer det att se väldigt rörigt ut, men kommer att bindas i form igen senare. Om du vill marinera köttet, blanda ingredienserna till marinaden i en stor bunke, tillsätt köttet och strö med vätskan. Vänd och tråckla varje timme eller så i minst 6 timmar, eller över natten, i kylen. Häll av köttet och torka ordentligt innan du går vidare till nästa steg.

c) Placera steken så att dess botten vilar på din skärbräda. Täck varje köttblad helt med ett lager skinka mellan två lager ost, stäng sedan ihop köttbladen för att omforma steken. (Om du har caul-fett, linda in steken i den, den håller fyllningen på plats och smälter under tillagningen.) Knyt öglor av snöre runt köttet för att hålla det i form. Torka steken igen i hushållspapper så den får fin färg.

d) Värm ugnen till 450 grader.

e) Sila av marinaden för att skilja grönsaker från vätska (eller använd färska grönsaker). Hetta upp smör och olja i stekpannan och koka marinadens grönsaker långsamt i 5 minuter. Skjut dem åt sidan av pannan, höj värmen till måttligt hög, lägg i kalvköttet med den oslipade sidan nedåt och låt botten bryna i 5 minuter. Tråckla med fettet i pannan och placera sedan grytan utan lock i den övre tredjedelen av den förvärmda ugnen för att bryna toppen och sidorna av köttet i cirka 15 minuter. Pensla var 4:e eller 5:e minut med smör i en gryta. (Om du har använt caul-fett kan du helt enkelt bryna steken i en stekpanna, om du vill, fortsätt sedan till nästa steg och utelämna det blancherade baconet.)

f) Sänk ugnen till 325 grader. Häll i marinadvätskan, om du använt den, och krydda köttet med salt och peppar. Lägg baconet eller suetten över köttet och folien. Täck grytan och ställ in i den nedre tredjedelen av ugnen. Reglera värmen så att köttet tillagas långsamt och stadigt i ca $1\frac{1}{2}$ timme. Köttet är färdigt när safterna blir klargula om de sticks djupt med en gaffel.

g) Ta bort köttet på serveringsfatet, släng trollsnören och bacon eller suet.

h) Skumma fett av juice i grytan, häll i buljong eller buljong och låt sjuda, skumma bort fettet, i en minut eller två. Höj värmen och koka snabbt, smaka av, tills smaken har koncentrerats. Ta bort från värmen, slå i majsstärkelseblandningen och koka sedan under omrörning i 2 minuter. Korrigera kryddningen noggrant.

i) Ta av från värmen och rör i berikningssmör tills det har absorberats. Sila av i en varm såsskål och ös upp lite över köttet.

48. Filets De Sole Sylvestre

INGREDIENSER:
BRUNOSEN AV AROMATISKA GRÖNSAKER
- Följande skär i 1/16-tums tärningar, vilket gör $1\frac{3}{4}$ koppar totalt: 2 medelstora lökar, 2 medelstora morötter, 1 medelstor selleristjälk, 8 persiljestjälkar
- En liten, tung täckt kastrull
- 2 msk smör
- $\frac{1}{2}$ lagerblad
- $\frac{1}{4}$ tsk dragon
- $\frac{1}{8}$ tsk salt
- Nypa peppar
- $\frac{1}{4}$ lb. färska svampar skurna i 1/16-tums tärningar

TILLAKNING AV FISKEN
- 8 filéer av tunga, flundra eller vitling som mäter 9 gånger 2 tum (2 per person)
- 1 kopp torr vit fransk vermouth
- Salt och peppar
- En 10- till 12-tums bakform, $1\frac{1}{2}$ till 2 tum djup, smörad
- $\frac{1}{4}$ till $\frac{1}{2}$ kopp kallt vatten

SÅS OCH SERVERING
2 kastruller i rostfritt stål eller emaljerade
1 msk smör
1 msk mjöl
1 msk tomatpuré eller pasta
4 eller mer tb mjukat smör

INSTRUKTIONER:
a) Efter att ha skurit den första gruppen grönsaker i finast möjliga tärningar, koka dem på låg värme med smör, örter och kryddor i cirka 20 minuter. De ska vara perfekt möra och den blekaste gyllene färgen. Tillsätt sedan svampen och koka långsamt i 10 minuter till.

b) Värm ugnen till 350 grader.
c) Skär fisken lätt på sidan som låg intill skinnet; detta är den ganska mjölkiga sidan, och om man drar en kniv över den skärs ytmembranet, vilket förhindrar att filén krullar sig när den tillagas. Salta och peppra filéerna lätt, lägg en sked kokta grönsaker över hälften av den skårade sidan och vik i två, kilformade. Lägg fisken i ett lager i ugnsformen.
d) Häll på vermouth och tillsätt tillräckligt med kallt vatten nästan för att täcka fisken. (Om du råkar ha fiskramen [benstruktur] lägg den över fisken.)
e) Täck med vaxat papper. Om din ugnsform är brandsäker, låt den knappt sjuda ovanpå spisen och ställ in den i nedre tredjedelen av den förvärmda ugnen i cirka 8 minuter. Sätt annars in formen direkt i ugnen i ca 12 minuter. Fisken är färdig när en gaffel lätt tränger igenom köttet och köttet knappt flagnar. Överkok inte. Håll varmt i avstängd ugn, med luckan på glänt, medan du gör sås.
f) Häll av all matlagningsvätska i en av kastrullerna och koka snabbt ner tills vätskan har minskat till cirka ⅔ kopp. I den andra kastrullen, smält smör, blanda i mjöl och koka långsamt utan att färga i 2 minuter. Ta av från värmen och vispa kraftigt i den reducerade matlagningsvätskan, sedan tomatsmaken.
g) Strax före servering, ta av från värmen och vispa i det mjukade smöret, $\frac{1}{2}$ matsked i taget. (Såsen kan inte värmas upp igen när smör har åkt in.)
h) Häll av fisken igen, tillsätt vätska till såsen. Häll såsen över fisken och servera genast.

49. Riz Etuvé au Beurre

INGREDIENSER:
- 1½ koppar rent, otvättat, rått ris
- En stor vattenkokare som innehåller 7 till 8 liter snabbt kokande vatten
- 1½ tsk salt per liter vatten
- 2 till 3 msk smör
- Salt och peppar
- En tung 3-liters kastrull eller gryta
- En omgång smörat vaxat papper

INSTRUKTIONER:
a) Strö gradvis över riset i det kokande saltade vattnet, tillsätt långsamt så att vattnet inte sjunker under kokningen. Rör om en gång för att vara säker på att inget av kornen fastnar på botten av grytan.
b) Koka utan lock och måttligt snabbt i 10 till 12 minuter. Börja testa efter 10 minuter genom att bita på varandra följande riskorn. När ett korn är precis tillräckligt mört för att inte ha någon hårdhet i mitten, men ännu inte är helt kokt, häll av riset i ett durkslag. Fluffa upp det under varmt rinnande vatten i en minut eller två för att tvätta bort eventuella spår av rismjöl. (Det är detta, plus överkokning, som gör riset klibbigt.)
c) I kastrullen eller grytan, smält smöret och rör ner salt och peppar. Så snart riset har tvättats, vänd ner det i pannan, fluffa med en gaffel för att blanda med smöret och kryddorna.
d) Täck med smörat vaxat papper och lägg sedan på locket. Ånga över sjudande vatten eller, fortfarande i vatten, i en 325-graders ugn i 20 till 30 minuter, tills kornen har svällt och riset är mört. Om det inte ska serveras

omedelbart, ta bort från värmen och ställ åt sidan täckt endast av det vaxade pappret.

e) För att värma upp, täck och ställ över sjudande vatten i 10 minuter eller så. Häll i mer salt och peppar efter smak precis innan servering.

50. Risotto a La Piémontaise

INGREDIENSER:

2 msk smör
En tjockbottnad 2-liters kastrull
1¼ kopp otvättat rått vitt ris
¼ kopp torr vit vermouth
2½ dl kycklingfond eller buljong
Salt och peppar

INSTRUKTIONER:

Smält smöret på medelvärme. Tillsätt riset och rör långsamt med en trägaffel tills kornen blir genomskinliga, sedan gradvis en mjölkvit — cirka 2 minuter.

Tillsätt vermouth och låt absorbera, rör sedan i en tredjedel av kycklingfonden eller buljongen. Sänk värmen och låt riset koka på lägsta nivå i 3 till 4 minuter, rör om då och då. (Börja på kalvköttet vid det här laget och fortsätt de två operationerna samtidigt.)

När vätskan har absorberats, rör i hälften av den återstående fonden och fortsätt att koka långsamt, rör om då och då med din trägaffel, och när vätskan absorberats igen, tillsätt det sista av fonden.

När detta äntligen absorberats, smaka av riset. Om det inte är så mört som du vill, tillsätt lite mer fond eller vatten och täck pannan i några minuter.

Ris bör ta 15 till 18 minuter total koktid. Smaka av med salt och peppar. (Om det är gjort i förväg, täck över och värm upp över hett vatten.)

51. Sauté De Veau (Ou De Porc) Aux Champignons

INGREDIENSER:
- 1½ till 2 lbs. kalv- eller fläskfilé skärs i 3/4-tums skivor
- En tung 10-tums stekpanna
- 2 msk smör
- 1 msk matolja
- En 8- till 10-ounce burk med svampstjälkar och bitar
- ½ tsk dragon, timjan eller blandade örter
- ¼ tsk salt; nypa peppar
- Valfritt: liten klyfta pressad vitlök
- 2 eller 3 msk finhackad salladslök
- ¼ kopp Sercial Madeira eller torr vit fransk vermouth

INSTRUKTIONER:
Torka kalv- eller fläsket på hushållspapper. Hetta upp olja och smör i pannan. När smörskummet nästan har lagt sig, tillsätt köttet och fräs på hög värme, rör om ofta, tills det har fått lite färg på alla sidor. Sänk värmen och fortsätt tillagan, rör om då och då tills köttet har stelnat när du trycker med fingret. (Total tillagningstid är 7 till 10 minuter; under denna period kommer du att ha tid att tänka på riset, hacka salladslök och persilja och sätta ihop soppan.) Häll av svampen och lägg i köttet. Strö på örterna, salta och peppra; tillsätt den valfria vitlöken och salladslöken; släng en stund och häll sedan i svampjuicerna och vinet. Koka ner för att reducera till hälften. Ställ åt sidan om du inte är redo att servera och värm upp när det behövs.

52. Bouillabaisse a La Marseillaise / Medelhavsfiskchowder

INGREDIENSER:
SOPPBASEN
- 1 kopp skivad gul lök
- ¾ till 1 kopp skivad purjolök, endast den vita delen; eller ½ kopp mer lök
- ½ kopp olivolja
- En tung 8-quarts vattenkokare eller gryta
- 2 till 3 koppar hackade färska tomater, eller 1¼ koppar avrunna konserverade tomater, eller ¼ kopp tomatpuré
- 4 klyftor pressade vitlök
- 2½ liter vatten
- 6 persiljekvistar
- 1 lagerblad
- ½ tsk timjan eller basilika
- ⅛ tsk fänkål
- 2 stora nypor saffran
- En 2-tums bit eller ½ tsk torkat apelsinskal
- ⅛ tsk peppar
- 1 msk salt (inget om du använder musselsjuice)
- 3 till 4 lbs. fiskhuvuden, ben och avslag inklusive skaldjursrester; eller, 1 liter musseljuice och 1½ liter vatten, och inget salt

TILLAGNING AV BOUILLABAISSE
- Soppabasen
- 6 till 8 lbs. diverse mager fisk och skaldjur om du vill, utvalda och tillagade enligt anvisningarna i början av receptet

SERVERING
- En kokplatta
- En soppterrin eller soppgryta
- Omgångar av rostat franskbröd
- ⅓ kopp grovhackad färsk persilja

INSTRUKTIONER:

a) Koka lök och purjolök långsamt i olivoljan i 5 minuter utan att bryna. Rör ner tomaterna och vitlöken och koka ytterligare 5 minuter.

b) Tillsätt vatten, örter, kryddor och fisk- eller musseljuice i vattenkokaren. Koka upp, skumma och koka utan lock under långsam kokning i 30 till 40 minuter. Sila, korrigera kryddningen. Ställ åt sidan utan lock tills den svalnar om du inte avslutar bouillabaissen omedelbart, ställ sedan i kylen.

c) Koka upp soppbotten snabbt i vattenkokaren ca 20 minuter innan servering. Tillsätt hummer, krabbor och fisk med fast kött. Koka snabbt upp igen och koka snabbt utan lock i 5 minuter. Tillsätt sedan den mörköttade fisken och musslorna, musslorna och pilgrimsmusslorna. Koka upp igen i 5 minuter. Överkok inte.

d) Lyft genast ur fisken och lägg upp på tallriken. Smaka försiktigt av soppan som krydda, lägg 6 till 8 brödskivor i terrin och häll i soppan. Häll en slev soppa över fisken, och strö persilja över både fisk och soppa. Servera omedelbart.

e) Vid bordet serveras varje gäst eller försörjer sig med både fisk och soppa, placerar dem i en stor soppstallrik. Ät bouillabaisse med en stor soppsked och gaffel, hjälpt tillsammans med ytterligare bitar franskbröd. Om du vill servera vin kan du välja mellan rosé, ett starkt torrt vitt vin som Côtes du Rhône eller Riesling, eller ett ljust, ungt rött som Beaujolais eller inhemskt Mountain Red.

53. Salpicón De Volaille

INGREDIENSER:
- 3 msk smör
- En stor stekpanna eller kastrull
- 3 till 4 msk hackad schalottenlök eller salladslök
- 3 till 4 koppar kyckling- eller kalkonkött skuret i $\frac{3}{8}$-tums tärningar
- Cirka 2 koppar tärnad kokt skinka eller tunga
- Salt och peppar
- $\frac{1}{2}$ tsk dragon eller oregano
- $\frac{1}{2}$ kopp torr vit vermouth
- Valfria tillägg: en kopp eller så kokt svamp, gurka, grön paprika, ärtor, sparris eller broccoli; 1 eller 2 hårdkokta ägg i tärningar
- 2 till 3 koppar tjock veloutésås (se anmärkning nedan)

INSTRUKTIONER:
Smält smöret i kastrullen eller stekpannan, rör ner schalottenlök eller salladslök och koka sakta i 1 minut. Rör ner kycklingen eller kalkonen, skinkan eller tungan, krydda med salt, peppar och örter. Höj värmen och rör ihop i 2 minuter för att värma köttet med kryddorna. Häll i vinet; koka ner snabbt tills vätskan nästan har avdunstat. Vänd i valfria tillsatser och tillräckligt med veloutésås för att täcka alla ingredienser. Smaka av noggrant för smaksättning. Om den inte ska användas omedelbart, film toppa med grädde eller smält smör och värm upp igen vid behov.

54. Poulet Grillé Au Naturel / Vanlig stekt kyckling

INGREDIENSER:

En 2½-lb. stekande kyckling
2 msk smör
1 msk matolja
En grund stekpanna eller ugnsform
Salt
2 msk hackad schalottenlök eller salladslök
½ dl nöt- eller kycklingbuljong

INSTRUKTIONER:

Torka kycklingen ordentligt med hushållspapper. Smält smöret med matoljan, pensla kycklingen överallt och lägg skinnsidan nedåt i långpannan eller ugnsformen. Placera kycklingen så att ytan på köttet är 5 till 6 tum från heta broilerelement; kycklingen ska koka långsamt och inte börja bryna på 5 minuter. Efter 5 minuter, pensla kyckling med smör och olja; den ska precis börja bli brun. Reglera värmen därefter. Tråckla igen med smör och olja i 5 minuter, och efter 15 minuter, ge en sista tråckla, strö över salt och vänd kycklingen med skinnsidan uppåt. Fortsätt att steka, tråckla var femte minut (med fett och juice i pannan) i ytterligare 15 minuter eller tills klubborna är mjuka när de pressas och safterna blir klargula när den köttigaste delen av mörkt kött sticks djupt.

Ta upp kycklingen på ett hett fat, skumma bort allt utom 2 matskedar tråckla fett ur pannan och rör ner schalottenlök eller salladslök. Koka på spisen under omrörning en stund och tillsätt sedan buljong. Koka snabbt, skrapa koagulerad matlagningsjuice i buljong tills vätskan har reducerats till en sirapsliknande konsistens. Häll över kycklingen och servera. (För servering, halvera på längden genom bröstbenet, lyft sedan varje bendel och dra loss från bröstet.)

55. Poulet Grillé a La Diable

INGREDIENSER:

En 2½-lb. stekande kyckling
2 msk smör
1 msk matolja
3 tb Dijon-typ (stark) beredd senap
1½ msk hackad schalottenlök eller salladslök
¼ tsk timjan, basilika eller dragon
3 droppar tabascosås
1 kopp färskt vitt brödsmulor (från hembakat bröd)

INSTRUKTIONER:

Stek kycklingen enligt beskrivningen i föregående recept, men koka den endast i 10 minuter på varje sida. Slå senap, schalottenlök eller salladslök, örter och tabasco i en liten skål; vispa sedan droppvis i hälften av tråcklet och saften från stekpannan för att göra en majonnäsliknande sås. Spara resten av fettet och juicen till senare.

Bred ut undersidan (inte skinnsidan) av kycklingen med hälften av senapsblandningen och täck med ett lager ströbröd. Lägg kycklingen med skinnsidan nedåt på ett galler i en stekpanna och strö med hälften av de reserverade stekjuicerna. Lägg tillbaka kycklingen i heta broilern i 5 till 6 minuter, tills smulorna har fått fin färg. Vänd kycklingen med skinnsidan uppåt, fördela med den kvarvarande senapen, täck med smulor och tröja med den sista stekjuicen. Återgå till broilern i 5 till 6 minuter till, eller tills kycklingen är klar.

56. Pois Frais En Braisage / Ärter bräserade med sallad

INGREDIENSER:
2 lbs. färska ärtor (ca 3 koppar, skalade)
1 medium huvud Bostonsallat, tvättad och strimlad
½ tsk salt
1 till 2 msk socker (beroende på ärternas sötma)
4 msk finhackad salladslök
4 msk mjukat smör
En tjockbottnad kastrull

INSTRUKTIONER:
Lägg ärtor och resten av ingredienserna i en kastrull och pressa ihop allt grovt med händerna för att blåsa ärtorna något. Tillsätt kallt vatten så att ärterna knappt täcks. Sätt på måttligt hög värme, täck pannan noggrant och koka i 20 till 30 minuter; efter ca 20 minuter, testa ärtor för ömhet genom att äta en. Fortsätt koka tills ärtorna är mjuka och vätskan har avdunstat; tillsätt ytterligare 2 till 3 matskedar vatten om det behövs. Korrigera kryddningen och servera. (Om den inte serveras omedelbart, ställ åt sidan utan lock. Värm upp med 2 msk vatten, täck över och låt koka en stund eller två, rör om ofta tills ärtorna är genomvarma.)

57. Potage Crème De Cresson / Cream of Watercress Soup

INGREDIENSER:
TILLAKNING AV KRÄSEN
- ½ kopp finhackad lök
- 3 msk smör
- En 3-liters täckt kastrull
- 3 till 4 packade koppar färska vattenkrasseblad och mjuka stjälkar, tvättade och torkade i en handduk
- ½ tsk salt

Sjudande
- 3 msk mjöl
- 5½ dl kokande kycklingfond

SLUTLIG BERIKNING
- 2 äggulor blandade i en mixerskål med ½ kopp tjock grädde
- 1 till 2 msk mjukat smör

INSTRUKTIONER:
a) Koka löken sakta i smöret i kastrullen i ca 10 minuter. När den är mjuk och genomskinlig, rör ner vattenkrasse och salt, täck över och koka långsamt i 5 minuter eller tills den är ordentligt vissnad.
b) Strö över mjölet i vattenkrasseblandningen och rör om på måttlig värme i 3 minuter. Ta av från värmen, blanda i den varma fonden och låt sjuda i 5 minuter. Puré genom en matkvarn, lägg tillbaka i kastrullen och korrigera kryddningen. Ställ åt sidan tills strax före servering och värm igen tills den sjuder upp.
c) Slå en kopp varm soppa droppvis i äggulorna och grädden, vispa gradvis i resten av soppan i en tunn stråle. Lägg tillbaka soppan i kastrullen och rör om på måttlig värme en stund eller två för att pochera äggulorna, men låt inte

sjuda upp. Ta av från värmen och rör ner berikningssmöret en matsked i taget.

d) För att servera kall, uteslut den sista smörberikningen och kyl. Om den är för tjock, rör i mer grädde innan servering.

58. Navarin Printanier / Lammgryta med morötter

INGREDIENSER:
- Bröst, för fett och konsistens
- Axel, för magra, solida bitar
- Korta revben, för konsistens och smak
- Hals, för konsistens och såskonsistens

BRUNA LAMMET
- 3 lbs. Lammgryta kött
- 3 till 4 TB matolja
- En 10- till 12-tums stekpanna
- En 5- till 6-quarts flamsäker gryta eller holländsk ugn
- 1 msk strösocker
- 1 tsk salt
- $\frac{1}{4}$ tsk peppar
- 3 msk mjöl

BREMNING
- 2 till 3 koppar brunt lamm- eller nötbuljong eller buljong på burk
- 3 medelstora tomater, skalade, kärnade, saftade och hackade; eller 3 msk tomatpuré
- 2 pressade vitlöksklyftor
- $\frac{1}{4}$ tsk timjan eller rosmarin
- 1 lagerblad

TILLÄGG AV ROTGRÖNSAKERNA
- 6 till 12 "kokande" potatisar
- 6 kålrot
- 6 morötter
- 12 till 18 små vita lökar ca 1 tum i diameter

LÄGG TILL DE GRÖNA GRÖNSAKERNA
- 1 kopp skalade gröna ärtor (cirka ⅔ lb. utan skal)
- 1 kopp gröna bönor (ca $\frac{1}{4}$ lb.) skurna i $\frac{1}{2}$-tums bitar
- 3 till 4 liter kokande vatten
- $1\frac{1}{2}$ till 2 msk salt

INSTRUKTIONER:
a) Ta bort allt överflödigt fett och fäll- eller täckmembranet. Skär köttet i 2-tums kuber som väger 2 till 2½ uns. Eventuella ben kvar i köttet kommer att ge extra smak till såsen; de flesta av dem kan tas bort före servering.
b) Torka lammbitarna ordentligt i hushållspapper. Hetta upp olja i en stekpanna tills det nästan ryker och bryn lammet på alla sidor, några bitar i taget. Överför lammet, när det är brynt, till grytan eller holländsk ugn.
c) Strö på sockret och släng lammet på måttligt hög värme i 3 till 4 minuter, tills sockret har fått färg och karamelliserat - detta ger en fin bärnstensfärgad färg till såsen. Kasta sedan köttet med kryddorna och mjölet och koka på måttlig värme i 2 till 3 minuter, släng, för att bryna mjölet.
d) Värm ugnen till 350 grader.
e) Häll fett ur stekpanna, häll i 2 koppar buljong eller buljong och koka upp, skrapa upp koagulerade bryningsjuicer. Häll i grytan över lamm och låt sjuda, skaka grytan för att blandas. Tillsätt sedan tomater eller tomatpuré, vitlök, örter och tillräckligt med buljong eller buljong nästan för att täcka lammet.
f) Låt sjuda, täck grytan och låt sjuda långsamt ovanpå spisen eller i en förvärmd ugn i 1 timme. Häll sedan innehållet i grytan i ett durkslag ställt över en panna.
g) Skölj ur grytan. Ta bort eventuella lösa ben och lägg tillbaka lammet i grytan. Skumma fett av såsen i pannan, korrigera kryddningen och häll tillbaka såsen över köttet.
h) Skala potatisen och putsa till ovaler ca 1½ tum långa; lägg i kallt vatten. Skala och kvarta morötter och kålrot; skär i 1½-tums längder. Skala löken och stick ett kryss i

rotändarna så att de blir jämnt kokta. När lammet är klart, tryck ner grönsakerna i grytan runt och mellan köttbitarna och tröja med såsen.
i) Låt sjuda, täck och låt koka i ungefär en timme längre eller tills kött och grönsaker är möra när de sticks hål med en gaffel. Skumma bort fett, korrigera smaksättning och tillsätt gröna grönsaker, som har tillagats enligt följande:
j) Släpp ärtorna och bönorna i det kokande saltade vattnet och koka snabbt utan lock i cirka 5 minuter, eller tills grönsakerna nästan är mjuka. Häll omedelbart av i ett durkslag, kör sedan kallt vatten över i 3 minuter för att stoppa tillagningen och få färg. Ställ åt sidan tills den ska användas. (Grytan kan tillagas i förväg till denna punkt. Ställ köttet åt sidan, täck snett. Låt sjuda ovanpå spisen innan du fortsätter med receptet.)

SERVERING
k) Strax innan servering, lägg ärtorna och bönorna i grytan ovanpå de övriga ingredienserna och strö med den bubblande såsen.
l) Täck över och låt sjuda i cirka 5 minuter tills gröna grönsaker är mjuka. Servera grytan från sin gryta, eller lägg upp den på ett varmt fat.
m) Komplettera med varmt franskt bröd och ett rött Beaujolais-, Bordeaux- eller Mountain Red-vin, eller en kyld rosé.

59. Oie Braisée Aux Pruneaux / Bräserad gås med katrinplommonfyllning

INGREDIENSER:
STRIPPLATSER OCH LEVER
- 40 till 50 stora katrinplommon
- Gåslevern, finhackad
- 2 msk finhackad schalottenlök eller salladslök
- 1 msk smör
- ⅓ kopp portvin
- ½ kopp (4 uns) foie gras eller konserverad leverpastej
- Nyp varsin kryddpeppar och timjan
- Salt och peppar
- 3 till 4 msk torra vita brödsmulor

FÖRBEREDA OCH BRUNA GÄSEN
- En 9-lb. färdiglagad gås
- 1 msk salt
- En stekpanna

AMMAR GÄSEN
- Beräknad tillagningstid: 2 timmar och 20 till 30 minuter.
- Gåshalsen, vingändarna, kråsen och hjärtat
- ½ kopp vardera skivade morötter och lök
- 2 msk gåsfett
- En täckt stekare precis stor nog att rymma gåsen
- ½ kopp mjöl
- 2 koppar rött vin (som Beaujolais, Médoc eller California Mountain Red)
- Salt
- 1 msk salvia
- 2 vitlöksklyftor
- 4 till 6 dl nötbuljong eller buljong

INSTRUKTIONER:
a) Släpp katrinplommon i kokande vatten och blötlägg i 5 minuter, eller tills de är mjuka. Ta bort gropar så snyggt

som möjligt. Fräs gåslever och schalottenlök eller salladslök i varmt smör i 2 minuter; skrapa ner i en mixerskål. Koka snabbt ner portvin i en sautépanna tills det reducerats till 1 matsked; skrapa ner i mixerskålen. Slå i foie gras eller leverpastej, kryddpeppar och timjan och krydda efter smak. Vispa vid behov i brödsmulor med skedar tills blandningen är tillräckligt fast för fyllning. Vik $\frac{1}{2}$ tesked i varje katrinplommon.

b) Klipp ut armben (för enklare skärning), hugga av vingarna vid armbågarna och dra löst fett inifrån gåsen. Gnid in håligheten med salt, fyll löst med katrinplommon och fackverk. Stick huden med $\frac{1}{2}$-tums mellanrum runt sidorna av bröst, lår och rygg. Ställ gåsen i en stekpanna och bryn under en lagom het broiler, vänd ofta, i cirka 15 minuter, ta bort ansamlat fett från pannan vid behov.

c) Värm ugnen till 350 grader.

d) Hacka inälvorna i 1-tums bitar, torka och bryn med grönsakerna i varmt gåsfett i rosten på måttligt hög värme.

e) Sänk värmen, rör i mjöl och koka under omrörning i 3 minuter för att bryna lätt. Avlägsna från värme; rör ner vinet. Salta gåsen och lägg på sidan i stekpannan. Tillsätt salvia, vitlök och tillräckligt med nötbuljong eller buljong för att komma halvvägs upp på gåsen.

f) Låt sjuda, täck och ställ in i den nedre tredjedelen av den förvärmda ugnen. Reglera värmen så att vätskan sjudar långsamt under tillagningen; vänd gåsen på andra sidan om 1 timme, tillbaka efter 2 timmar.

g) Gås är färdig när trumpinnar rör sig något i hålen och när den köttigaste delen av en genomborras blir safterna blekgula. Överkok inte.

SÅS OCH SERVERING

h) Dränera gåsen och lägg på ett varmt fat; klipp och kassera trusssträngar. Skumma så mycket fett du kan av bräserande sås; du kommer att ha flera koppar som du kan spara till att sautera potatis, kyckling eller till att tråckla stekar.
i) Häll ca 4 dl sås genom en sil i en kastrull och skumma bort fettet igen. Låt sjuda, skumma och korrigera noggrant krydda. Häll lite sås över gåsen och häll resten i en varm såsskål.
j) Servera med bräserad lök och kastanjer, eller brysselkål och potatismos; Rött Bourgogne vin.

60. Rognons De Veau En Casserole / Njurar i smör

INGREDIENSER:
- 4 msk smör
- En tung sautépanna precis stor nog att hålla njurarna bekvämt i ett lager
- 3 till 4 kalvnjurar eller 8 till 12 lammnjurar
- 1 msk hackad schalottenlök eller salladslök
- $\frac{1}{2}$ kopp torr vit vermouth
- 1 msk citronsaft
- $1\frac{1}{2}$ msk beredd senap av dijontyp mosad med 3 msk mjukat smör
- Salt och peppar

INSTRUKTIONER:
Värm smöret och när skummet börjar avta, rulla njurarna i smöret, koka sedan utan lock, vänd varannan minut. Reglera värmen så att smöret blir varmt men inte brynt. Lite juice kommer att utsöndras från njurarna. Njurar ska stelna men inte bli hårda; de ska bryna lite och ska vara rosa i mitten när de skivas. Tidpunkt: ca 10 minuter för kalvnjurar; 5, för lammnjurar. Ta bort njurarna till en tallrik.

Rör ner schalottenlök eller lök i smöret i pannan och koka i 1 minut. Tillsätt vermouth och citronsaft. Koka snabbt tills vätskan har minskat till cirka 4 matskedar. Ta av från värmen och rör ner senapssmöret och ett stänk salt och peppar. Skär njurarna i korsvisa skivor $\frac{1}{8}$ tum tjocka. Strö över salt och peppar och vänd ner dem och deras saft i pannan.

Strax före servering, skaka och häll över måttlig värme i en eller två minuter för att värma igenom utan att koka.

Servera på mycket varma tallrikar. Om den används som huvudrätt snarare än en varm hors d'oeuvre, komplettera med potatis sauterad i smör, bräserad lök och ett rött Bourgognevin.

61. Rognons de Veau Flambés / Sauterade Kidneys Flambé

INGREDIENSER:
- En tung sautépanna som är tillräckligt stor för att rymma njurarna
- 3 till 4 kalvnjurar eller 8 till 12 lammnjurar
- 4 msk smör
- ⅓ kopp konjak
- ½ kopp nötbuljong blandad med 1 tsk majsstärkelse
- ⅓ kopp Sercial Madeira eller portvin
- ½ lb. skivad champinjoner, tidigare sauterade i smör med 1 msk hackad salladslök eller schalottenlök
- 1 kopp tung grädde
- Salt och peppar
- ½ msk beredd senap av Dijon-typ blandad med 2 msk mjukat smör och ½ tsk Worcestershiresås

INSTRUKTIONER:
Fräs hela njurarna i smör, som i föregående recept. Om du avslutar dem vid bordet, ta med de sauterade njurarna i skavskålen.

Häll konjaken över njurarna. Värm till bubblande, vänd bort ansiktet och tänd vätska med en tänd tändsticka. Skaka pannan och blanda njurarna med flammande vätska tills elden sjunkit. Ta bort njurarna till en tallrik eller skärbräda.

Häll nötbuljongen och vinet i pannan; koka i några minuter tills det reducerats och tjocknat. Tillsätt svampen och grädden och koka ytterligare några minuter; såsen ska vara tillräckligt tjock för att täcka en sked lätt. Krydda försiktigt med salt och peppar. Ta av från värmen och rör ner senapsblandningen.

Skär njurarna i korsvisa skivor ⅛ tum tjocka och krydda lätt med salt och peppar. Lägg tillbaka njurar och juice i pannan.

Skaka och häll över värme för att värma njurarna utan att koka. Servera på mycket varma tallrikar.

62. Carbonnade De Boeuf a La Provençale

INGREDIENSER:
- 3 lbs. chuckbiff skuren i skivor cirka $3\frac{1}{2}$ gånger 2 gånger $\frac{3}{8}$ tum

MARINADEN
- $\frac{1}{4}$ kopp vinäger
- 1 msk olivolja
- 2 stora vitlöksklyftor, skalade och hackade
- $\frac{1}{8}$ tsk peppar
- 2 tsk salt
- $\frac{3}{4}$ tsk salta
- $\frac{3}{4}$ tsk timjan

LÖKEN
- Valfritt men traditionellt: 4 uns (cirka ⅔ kopp) färskt sidfläsk, eller fett-och-magra skivor från en färsk fläskrumpa
- En tung stekpanna
- 1 till 3 msk olivolja
- 5 till 6 koppar skivad lök

BAKNING
- En 6-liters flamsäker gryta
- 7 till 8 koppar skivad universalpotatis
- Salt och peppar
- Biffbuljong
- $\frac{1}{4}$ kopp parmesanost (för sista steget)

INSTRUKTIONER:
a) Blanda marinaden i en glaserad skål, glas eller rostfritt stål. Vänd och tråckla köttet med vätskan, täck över och ställ i kylen i 6 timmar eller över natten, tråckla och vänd köttet flera gånger.
b) Skär det valfria fläsket i 1-tums bitar ca $\frac{1}{4}$ tum tjocka. Fräs långsamt i en matsked olja för att göra fettet och

brynt mycket lätt. (Om fläsk utelämnas, häll 3 matskedar olja i pannan.) Rör ner löken, täck tätt och koka långsamt i cirka 20 minuter, rör om då och då tills löken är mjuk och precis börjar få färg.

c) Värm ugnen till 350 grader.
d) Låt köttet rinna av och smaka av med salt och peppar. Varva lager av lök och kött i grytan. Häll i marinadingredienser, lägg sedan lager av potatisskivor ovanpå, krydda var och en med salt och peppar. Häll i tillräckligt med buljong för att täcka köttet; koka upp ovanpå spisen.
e) Täck grytan och ställ in i mitten av den förvärmda ugnen i cirka 1 timme, eller tills köttet är nästan mört när det sticks hål med en gaffel. Tidpunkten beror på köttets kvalitet; det kokar ungefär en halvtimme till i det sista steget.
f) Höj ugnsvärmen till 425 grader. Tippa grytan och skeda ur ackumulerat fett. Strö parmesanosten över potatisen och strö med en eller två sked av matlagningsvätskan. (Om det är gjort före denna punkt, ställ åt sidan utan lock. Värm upp igen för att sjuda innan du fortsätter.)
g) Placera olockad gryta i övre tredjedelen av 425-gradersugnen och grädda i cirka 30 minuter, för att bryna toppen av potatisen och reducera och tjockna matlagningsvätskan. Servera från gryta.

63. Daube De Boeuf a La Provençale

INGREDIENSER:
- 3 lbs. chuckbiff skuren i 2½-tums rutor 1 tum tjocka

MARINADEN
- 2 msk olivolja
- 1½ koppar torr vit vermouth
- ¼ kopp konjak eller gin
- 2 tsk salt
- ¼ tsk peppar
- ½ tsk timjan eller salvia
- 1 lagerblad
- 2 skalade och hackade vitlöksklyftor
- 2 koppar tunt skivade morötter
- 2 dl tunt skivad lök
- Marinera nötköttet enligt anvisningarna i föregående recept.

MONTERING
- En 6-liters flamsäker gryta
- Salt, peppar, mjöl
- 1½ koppar fasta, mogna tomater, skalade, kärnade, saftade och hackade
- 1½ dl skivad färsk svamp
- Valfritt: cirka 8 skivor, ¼ tum tjocka, färskt sidfläsk; eller feta och magra skivor från en färsk fläskrumpa
- Biffbuljong ev

INSTRUKTIONER:
a) Skrapa av marinaden och krydda köttet lätt med salt och peppar, rulla sedan i mjöl och lägg åt sidan på vaxat papper. Häll av marinadvätskan i en skål; släng tomater och champinjoner med marinad grönsaker.
b) Lägg flera remsor av valfritt fläsk i botten av grytan och täck med en tredjedel av de blandade grönsakerna. Varva

sedan med lager av kött och grönsaker, täck det översta lagret av grönsaker med skivor av valfritt fläsk. Häll i marinadvätskan.

TILLAGNING OCH SERVERING

c) Täck grytan, ställ på måttlig värme och låt sjuda i cirka 15 minuter. Om grönsakerna inte har gjort tillräckligt med vätska nästan för att täcka köttet, tillsätt lite buljong. Täck över och låt sjuda i 1½ till 2 timmar, eller tills köttet är mört när det sticks hål med en gaffel.

d) Tipsa grytan, skumma bort fettet och smaka av med krydda. Om vätskan inte har reducerats och tjocknat, häll av i en kastrull och tjockna med en matsked majsstärkelse blandat med buljong.

e) Koka i 2 minuter och häll sedan i grytan. (Om det inte serveras omedelbart, svalna utan lock, täck sedan över och kyl. Låt sjuda under lock i 5 minuter före servering.)

FINAL PROVENÇAL FILLIP

f) För extra smak, hacka eller puré 2 vitlöksklyftor och lägg i en skål med 3 till 4 matskedar avrunnen kapris. Pudra eller mosa till en pasta och slå sedan i 3 matskedar stark senap av Dijon-typ.

g) Vispa gradvis i 3 matskedar olivolja för att göra en tjock sås; rör i ¼ kopp malen färsk basilika eller persilja. Rör ner i den färdiga degen precis innan servering.

64. Potage Parmentier / Purjolök eller Lök och Potatissoppa

INGREDIENSER:
PRELIMINÄR TILLAGNING
- En 3- till 4-liters kastrull eller tryckkokare
- 3 till 4 koppar skalad potatis skivad eller tärnad
- 3 dl tunt skivad purjolök eller gul lök
- 2 liter vatten
- 1 msk salt

SLUTLIG BERIKNING
- ⅓ kopp tjock grädde eller 2 till 3 msk mjukat smör
- 2 till 3 msk hackad persilja eller gräslök

INSTRUKTIONER:
a) Låt antingen sjuda grönsakerna, vattnet och saltet, delvis täckt, i 40 till 50 minuter tills grönsakerna är mjuka; eller koka under 15 pund tryck i 5 minuter, släpp trycket och låt puttra utan lock i 15 minuter för att utveckla smaken.

b) Mosa grönsakerna i soppan med en gaffel, eller passera soppan genom en matkvarn. Rätt krydda.

c) Ställ åt sidan utan lock tills precis innan servering, värm sedan upp igen.

d) Ta av från värmen strax före servering och rör ner grädden eller smöret i skedar.

e) Häll upp i en terrin eller soppkoppar och dekorera med örter.

65. Velouté De Volaille a La Sénégalaise

INGREDIENSER:

- 4 msk smör
- En tjockbottnad kastrull på 3 till 4 liter
- 1 TB currypulver
- 4 till 8 msk mjöl (beroende på din mängd potatis)
- 5 till 6 koppar fjäderfäfond

VALFRI KOLADE INGREDIENSER

- Potatismos, krämig lök, broccoli, gurka, morötter, ärtor, sparristips
- ½ kopp (mer eller mindre) tung grädde
- Cirka 1 kopp tärnat eller tunt skivat kokt kalkonkött
- 4 msk färsk hackad persilja eller gräslök, eller 2 msk hackad körvel eller dragon

INSTRUKTIONER:

Smält smöret i kastrullen. Rör ner currypulvret och koka sakta i 1 minut. (Om du inte har kokt lök, tillsätt ½ kopp rå hackad lök och koka i cirka 10 minuter utan att bryna.) Rör ner mjölet och koka långsamt i 2 minuter. Ta bort från värmen, låt svalna en stund och slå sedan kraftigt i den varma fjäderfäfonden med en trådvisp. Sjud under omrörning med en visp i 1 minut. Om du använder kokt lök, hacka dem och lägg till soppan; om du använder potatismos, vispa dem i en matsked i taget tills soppan är så tjock som du önskar att den ska vara. Rör ner grädden med skedar, låt sjuda långsamt, krydda sedan försiktigt efter smak. Rör ner kalkonköttet, valfria grönsaker och örter och koka upp igen precis innan servering. (Om den inte serveras omedelbart, eller om den ska serveras kall, filma toppen av soppan med fond eller grädde för att förhindra att ett skinn bildas. Kyl ner om den ska serveras kall; du kanske vill röra i mer grädde och toppa varje skål med mer färsk örter.)

SALLADER OCH SIDOR

66. Sallad Mimosa / Sallad med vinägrett, siktat ägg och örter

INGREDIENSER:
- Ett skalat hårdkokt ägg i en sil
- 2 till 3 msk färska gröna örter eller persilja
- Salt och peppar
- En stor chef för Boston
- sallad eller en blandning av grönt, separerat, tvättat och torkat
- En salladsskål
- ⅓ till ½ kopp vinägrett

INSTRUKTIONER:
Tryck ägget genom silen med fingrarna; blanda med örterna och salta och peppra efter smak. Strax före servering, släng grönsallad i din salladsskål med dressingen och strö över ägg- och örtblandningen.

67. Pommes De Terre a l'Huile / Fransk potatissallad

INGREDIENSER:
8 till 10 medelstora "kokande" potatisar (ca 2 lbs.)
En 3-liters blandningsskål
2 msk torrt vitt vin eller torr vit vermouth
2 msk kycklingbuljong
½ kopp vinägrett
2 msk hackad schalottenlök eller salladslök
3 msk finhackad persilja

INSTRUKTIONER:
Koka eller ånga potatisen i sina jackor tills den precis är mjuk. Skala och skiva medan den fortfarande är varm. Häll försiktigt i blandningsskålen med vinet och buljongen och efter flera minuter, blanda igen. När vätskan har absorberats av potatisen, blanda med vinägretten, schalottenlök eller salladslök och persilja.

Den här salladen är utsökt serverad varm med varma korvar, eller så kan du kyla den och servera antingen som den är eller med ½ kopp majonnäs infälld.

68. Sallad Niçoise

INGREDIENSER:

3 koppar tidigare kokta gröna bönor i en skål
3 kvartade tomater i en skål
$\frac{3}{4}$ till 1 kopp vinägrett
1 huvud Bostonsallat, separerad, tvättad och torkad
En stor salladsskål eller ett grunt fat
3 koppar kall fransk potatissallad (föregående recept)
$\frac{1}{2}$ kopp urkärnade svarta oliver, helst av torr medelhavstyp
3 hårdkokta ägg, kalla, skalade och i fjärdedelar
12 konserverade ansjovisfiléer, avrunna, antingen platta eller rullade med kapris
Cirka 1 kopp (8 uns) konserverad tonfisk, avrunnen

INSTRUKTIONER:

Kasta salladsbladen i salladsskålen med $\frac{1}{4}$ kopp vinägrett och lägg bladen runt skålen.

Ordna potatis i botten av en skål, dekorera med bönorna och tomaterna, varva dem med en design av tonfisk, oliver, ägg och ansjovis.

Häll resterande dressing över salladen, strö över örter och servera.

69. Gratäng Dauphinois / Scalloped Potatis Gratinerad

INGREDIENSER:
2 lbs. "kokande" potatis, skalad
1 dl mjölk
En 6-kopps eldfast ugnsform, 2 tum djup
1 liten klyfta pressad vitlök
1 tsk salt
$\frac{1}{8}$ tsk peppar
3 till 4 msk smör

INSTRUKTIONER:
Värm ugnen till 425 grader.
Skiva potatis $\frac{1}{8}$ tum tjocka och lägg ner i en skål med kallt vatten. Koka upp mjölken i en ugnsform med vitlök, salt och peppar. Låt potatisen rinna av, tillsätt den i kokande mjölk och fördela smör över dem. Grädda i mitten av den förvärmda ugnen i cirka 25 minuter, tills mjölken har absorberats, potatisen är mjuk och toppen har fått färg. (Om det inte serveras omedelbart, håll varmt utan lock, tillsätt lite mer mjölk om potatisen verkar torr.)
Servera med stekar, biffar eller kotletter.

70. Gratäng De Pommes De Terre Et Saucisson

INGREDIENSER:

3 koppar skivad, tidigare kokt potatis (ca 1 lb.)
1 kopp hackad lök, tidigare kokad i smör
$\frac{1}{2}$ lb. skivad polsk korv
En lätt smörad ugnsform eller pajform, 8 tum i diameter och 2 tum djup
3 ägg
$1\frac{1}{2}$ dl lätt grädde
$\frac{1}{4}$ tsk salt
$\frac{1}{8}$ tsk peppar
$\frac{1}{4}$ kopp riven schweizisk ost
1 msk smör

INSTRUKTIONER:

Värm ugnen till 375 grader.
Lägg lager av potatis, lök och korv i en ugnsform. Blanda ägg, grädde, salt och peppar i en skål, häll i en ugnsform, strö över ost och strö med smöret. Grädda i den övre tredjedelen av den förvärmda ugnen i 30 till 40 minuter, tills toppen har fått fin färg.
Servera som huvudrätt till lunch eller middag.

71. Purée De Pommes De Terre a l'Ail

INGREDIENSER:
VITLÖKSSÅSEN
2 vitlökhuvuden, ca 30 klyftor
4 msk smör
En 3- till 4-kopps täckt kastrull
2 msk mjöl
1 kopp varm mjölk
$\frac{1}{4}$ tsk salt och en nypa peppar
BLANDNING MED POTATISEN
$2\frac{1}{2}$ lbs. baka potatis
4 msk smör
Salt och peppar
3 till 4 msk tung grädde
$\frac{1}{4}$ kopp finhackad färsk persilja

INSTRUKTIONER:
Separera vitlöksklyftor och släpp i kokande vatten; koka 2 minuter, låt rinna av och skala. Koka sedan vitlöken sakta i smöret ca 20 minuter i den täckta kastrullen, tills den är väldigt mör men inte alls brynt. Blanda i mjölet, koka långsamt i 2 minuter. Ta bort från värmen, slå i varm mjölk och kryddor och koka under omrörning i 1 minut. Om den inte ska användas omedelbart, ställ åt sidan och värm upp senare. Skala och kvarta potatisen. Koka antingen i saltat vatten eller ånga tills det är precis mjukt; lägg genom en riser i en tjock kastrull. Rör om kort på måttligt hög värme tills potatisen filmar botten av pannan, rör sedan i smöret och salt och peppar efter smak. Håll utan lock över sjudande vatten tills de ska serveras - men ju tidigare de serveras desto bättre. Strax innan du går in i matsalen, gnid in vitlöken genom en sil i potatisen; slå i grädde och persilja och vänd till en varm, smörad serveringsform.

72. Concombres Persillés, Ou a La Crème / Gräddgurka

INGREDIENSER:
MACERERING AV GURKOR
6 gurkor ca 8 tum långa
2 msk vinäger
1½ tsk salt
⅛ tsk socker
MATLAGNING
2 till 3 msk smör
En stor tjockbottnad emaljerad stekpanna eller kastrull
Salt och peppar
2 msk hackad schalottenlök eller salladslök
Valfritt: 1 dl tung grädde sjudad till hälften i en liten kastrull
3 msk färsk hackad persilja

INSTRUKTIONER:
Skala gurkorna, skär i halvor på längden och gröp ur fröna med en tesked. Skär i längsgående remsor cirka ⅜ tum breda, skär sedan remsorna i 2-tums bitar. Häll i en skål med vinäger, salt och socker och låt stå i minst 20 minuter. Låt rinna av och torka i hushållspapper strax före användning.
Hetta upp smöret tills det bubblar i kastrullen eller kastrullen. Tillsätt gurkor och schalottenlök eller salladslök; koka långsamt, rör om ofta, i cirka 5 minuter, tills gurkorna är mjukt knapriga men inte brynt. Strax före servering, blanda med valfri grädde och persiljan. Vänd till en varm rätt.

73. Navets a La Champenoise / Rova och lökgryta

INGREDIENSER:
- 2½ lbs. gula rovor eller rutabagas (ca 8 koppar tärnade)
- ⅔ kopp fint tärnad fet och magert färsk fläskrumpa eller sidfläsk; eller 3 msk smör eller matolja
- ⅔ kopp finhackad lök
- 1 msk mjöl
- ¾ kopp nötbuljong
- ¼ tsk salvia
- Salt och peppar
- 2 till 3 msk färsk hackad persilja

INSTRUKTIONER:
Skala rovorna, skär i fjärdedelar och sedan i ½-tums skivor; skär skivor i ½-tums remsor och remsorna i ½-tums kuber. Häll i kokande saltat vatten och koka utan lock i 3 till 5 minuter, eller tills det är lite mjukt. Dränera.

Om du använder fläsk, sautera långsamt i en 3-quarts kastrull tills mycket lätt brynt; i annat fall tillsätt smöret eller oljan i pannan. Rör ner löken, täck över och koka långsamt i 5 minuter utan att bryna. Blanda i mjölet och koka långsamt i 2 minuter. Ta av från värmen, slå i buljongen, sätt tillbaka till värmen och låt sjuda upp. Tillsätt salvian och vänd sedan ner kålroten. Smaka av med salt och peppar.

Täck pannan och låt sjuda långsamt i 20 till 30 minuter, eller tills kålrot är mjuk. Om såsen är för flytande, avtäck och koka långsamt i flera minuter tills vätskan har reducerats och tjocknat. Rätt krydda. (Kan tillagas i förväg. Kyl utan lock, täck över och låt puttra några ögonblick innan servering.)

För att servera, vänd ner persiljan och vänd till en varm serveringsform.

74. Sparris

INGREDIENSER:
1 låda fryst skuren sparris
2 msk salt
2 msk smör i en stekpanna
Salt och peppar

INSTRUKTIONER:
Låt sparrisen tina tills bitarna skiljs från varandra. Häll sedan ner i 4 liter snabbt kokande vatten. Tillsätt 2 matskedar salt, koka snabbt upp igen och koka utan lock i 3 eller 4 minuter, tills sparrisen knappt är mjuk. Dränera. Om det inte ska serveras omedelbart, kör kallt vatten över sparris för att stoppa tillagningen och ställa in den fräscha färgen och konsistensen. Flera minuter före servering, häll försiktigt i 2 msk varmt smör för att avsluta tillagningen. Smaka av med salt och peppar.

75. Artichauts Au Naturel / Helkokta kronärtskockor

INGREDIENSER:
- Kronärtskockor

INSTRUKTIONER:
FÖRBEREDELSE FÖR TILLAGNING
a) En kronärtskocka i taget, ta bort stjälken genom att böja den vid foten av kronärtskockan tills stjälken knäpper av, bryt sedan av små blad vid basen. Putsa botten med en kniv så att kronärtskockan står stadigt upprätt.
b) Lägg slutligen kronärtskockan på sidan och skär tre fjärdedelar av en tum från toppen; klipp av punkterna på kvarvarande blad med sax.
c) Tvätta under kallt rinnande vatten och släpp i en skål med kallt vatten innehållande 1 msk vinäger per liter. Vinägern förhindrar att kronärtskockor missfärgas innan du tillagar dem.

MATLAGNING
d) Doppa de förberedda kronärtskockorna i en stor vattenkokare med snabbt kokande saltat vatten och draperera ett dubbelt lager tvättad ostduk över dem för att hålla de exponerade delarna fuktiga under tillagningen. Koka, utan lock, vid långsam kokning i 35 till 45 minuter, beroende på storlek.
e) Kronärtskockorna är färdiga när de nedre bladen dras ut - ät en som ett test: den nedre halvtummen eller så ska vara mör - och när en kniv lätt tränger igenom botten. Ta genast ut och låt rinna av upp och ner i ett durkslag.

SERVA OCH ÄTA
f) Ställ kronärtskockorna upprätt och servera i salladstora tallrikar ca 8 tum i diameter, eller speciella kronärtskocka tallrikar. För att äta en kronärtskocka,

dra av ett blad och håll dess spets i fingrarna. Doppa botten av bladet i smält smör eller någon av de föreslagna såserna och skrapa sedan av det möra köttet mellan tänderna.

g) När du har gått igenom löven kommer du till botten som du äter med kniv och gaffel efter att du har skrapat bort och slängt choken eller den håriga centrumväxten som täcker den.

SÅSAR

h) Smält smör, citronsmör eller hollandaise för varma eller varma kronärtskockor; vinägrett (fransk dressing), senapssås eller majonnäs för kalla kronärtskockor.

76. Ratatouille

INGREDIENSER:
PRELIMINÄR SALTNING
- ½ lb. Äggplanta
- ½ lb. zucchini
- En 3-liters blandningsskål
- 1 tsk salt

SAUTÉING
- 4 eller mer msk olivolja
- En 10- till 12-tums emaljerad eller non-stick stekpanna
- ½ lb. (1½ dl) skivad lök
- 1 kopp skivad grön paprika (ca 2 paprika)
- 2 pressade vitlöksklyftor
- Salt och peppar
- 1 lb. tomater, skalade, kärnade och saftade (1½ dl fruktkött), eller 1 dl avrunna päronformade tomater på burk
- 3 msk finhackad persilja

MONTERING OCH BAKNING
- En 2½-quart flamsäker gryta 2 tum djup

INSTRUKTIONER:
a) Skala aubergine och skär i längsgående skivor ⅜ tum tjocka. Skrubba zucchinin under kallt vatten, skär av och kassera två ändar, och skiva zucchinin i längsgående bitar ⅜ tum tjocka. Blanda ihop grönsakerna i en skål med saltet och låt stå i 30 minuter. dränera; torka i en handduk.

b) Hetta upp olivolja i stekpannan och fräs sedan aubergine- och zucchiniskivorna tills de blir lätt bruna på båda sidor. Ta över till sidfatet. Tillsätt mer olja om det behövs och koka lök och paprika långsamt tills de är mjuka. Rör ner vitlök och smaka av med salt och peppar. Skiva tomatköttet i strimlor och lägg över lök och paprika.

c) Täck pannan och låt koka i 5 minuter, avtäck sedan, höj värmen och koka i flera minuter tills tomatjuicen nästan helt har avdunstat. Krydda med salt och peppar; vik ner persilja.

d) Skeda en tredjedel av tomatblandningen i botten av grytan. Lägg hälften av auberginen och zucchinin ovanpå, sedan hälften av de återstående tomaterna. Täck med resterande aubergine och zucchini, och det sista av tomatblandningen. Täck grytan och låt sjuda på svag värme i 10 minuter. Avtäck, tippa grytan och tråckla med den renderade juicen och korrigera krydda om det behövs. Höj värmen något och koka sakta tills saften nästan helt har avdunstat.

e) Servera varm till stekar, biffar, hamburgare, stekt fisk.

f) Servera kall till kallskuret och fisk, eller som en kall hors d'oeuvre.

77. Moussaka

INGREDIENSER:
PRELIMINÄR SALTNING OCH BAKNING AV AUGBLANTEN
- 5 lbs. aubergine (4 till 5 auberginer, var och en 7 till 8 tum lång)
- 1 msk salt
- 2 msk olivolja
- En grund långpanna
- 1 msk olivolja
- En 3-liters blandningsskål

MONTERING OCH BAKNING
- En lätt oljad cylindrisk 2-quarts ugnsform $3\frac{1}{2}$ till 4 tum djup och 7 tum i diameter
- $2\frac{1}{2}$ koppar malet kokt lamm
- ⅔ kopp hackad lök, tidigare kokad i smör
- 1 kopp hackad svamp, tidigare kokad i smör
- 1 tsk salt
- $\frac{1}{8}$ tsk peppar
- $\frac{1}{2}$ tsk timjan
- $\frac{1}{2}$ tsk mald rosmarin
- 1 liten klyfta pressad vitlök
- ⅔ kopp nötbuljong eller buljong sjudad i 2 minuter med $\frac{1}{2}$ msk majsstärkelse
- 3 TB tomatpuré
- 3 ägg (USA klassade "stora")
- En kastrull med kokande vatten
- Ett serveringsfat

INSTRUKTIONER:
a) Värm ugnen till 400 grader.
b) Ta bort gröna mössor och skiva aubergine på längden; skär djupa skåror i köttet på varje halva. Strö över salt

och låt stå i 30 minuter. Krama ur vatten, torka köttsidan och pensla med olivolja.

c) Häll ½ tum vatten i en långpanna, tillsätt aubergine, med köttsidan uppåt och grädda 30 till 40 minuter i en förvärmd ugn, eller tills de är mjuka. Ta bort köttet och lämna aubergineskalet intakt (använd en sked eller grapefruktkniv).

d) Hacka köttet och fräs en minut eller två i het olivolja. Vänd ner i mixerskålen.

e) Klä formen med aubergineskal, spetsiga ändar möts i mitten-botten av formen, lila sidor mot mögel. Vispa ner alla ovanstående ingredienser i den hackade auberginen, vänd till fodrad form och vik upp dinglande aubergineskal över ytan. Täck med aluminiumfolie och ett lock. Grädda i en kastrull med kokande vatten i en 375-graders ugn i 1½ timme. Låt svalna i 10 minuter och ta sedan upp formen på ett serveringsfat.

f) Servera varm med tomatsås, ångkokt ris, franskbröd och rosévin.

g) Servera kall med tomatsallad, franskbröd och rosévin.

78. Laitues Braisées / Bräserad sallad

INGREDIENSER:
- 2 medelstora huvuden Bostonsallat;
- 1 huvud escarole eller cikoria

TVÄTTNING
- En stor vattenkokare som innehåller 7 till 8 liter kokande vatten
- $1\frac{1}{2}$ tsk salt per liter vatten
- Salt och peppar

BREMNING
- För 6 huvuden cikoria eller escarole; 12 huvuden Bostonsallat
- En 12-tums flamsäker gryta med lock
- 6 tjocka skivor bacon, som tidigare har puttrat i 10 minuter i 2 liter vatten och sedan avrunnen
- 2 msk smör
- $\frac{1}{2}$ kopp skivad lök
- $\frac{1}{2}$ kopp skivade morötter
- Valfritt: $\frac{1}{2}$ kopp torr vit vermouth
- Ca 2 dl nötbuljong

SÅS OCH SERVERING
- En varm serveringsfat
- 1 tsk majsstärkelse blandat med 1 msk vermouth eller kall buljong
- 1 msk smör

INSTRUKTIONER:
a) Putsa stjälkar av sallad och ta bort vissna blad. Håll sallad i änden av stjälken, pumpa försiktigt upp och ner i en bassäng med kallt vatten för att ta bort all smuts.
b) Sänk 2 eller 3 huvuden av tvättad sallad i det kokande vattnet och koka långsamt, utan lock, 3 till 5 minuter tills salladen är mjuk. Ta bort mjuk sallad, häll ner den i kallt

vatten och fortsätt med resten. En i taget, krama huvuden försiktigt men bestämt i båda händerna för att eliminera så mycket vatten som möjligt. Skär stora huvuden på mitten på längden; lämna små huvuden hela.

c) Strö över salt och peppar; vik huvuden på mitten korsvis för att få triangulära former.
d) En medelstor örtbukett: 4 persiljekvistar, $\frac{1}{4}$ tsk timjan och ett lagerblad bundna i tvättad ostduk
e) Värm ugnen till 325 grader.
f) Fräs baconet i smör i en minut eller två för att bryna mycket lätt i grytan. Ta bort bacon, rör ner lök och morötter och koka långsamt i 8 till 10 minuter tills det är mjukt men inte brynt. Ta bort hälften av grönsakerna, arrangera salladen över resten, täck sedan med de kokta grönsakerna och baconet.
g) Häll i valfri vermouth och tillräckligt med buljong som knappt täcker salladen. Låt sjuda upp, lägg en bit vaxat papper över salladen, täck grytan och grädda i mitten av en förvärmd ugn. Sallad ska puttra mycket långsamt i ca 2 timmar. (Kan tillagas i förväg till denna punkt; värm upp igen före nästa steg.)
h) Ta bort salladen till serveringsfatet. Koka snabbt ner matlagningsvätskan, om det behövs, till cirka $\frac{1}{2}$ kopp. Avlägsna från värme. Vispa majsstärkelseblandningen i matlagningsvätskan och låt sjuda under omrörning i 2 minuter. Ta av från värmen, rör i smör, häll över sallad och servera.

79. Choucroute Braisée a l'Alsacienne / Bräserad surkål

INGREDIENSER:
PRELIMINÄR TILLAGNING
- ½ lb. tjockt skivat bacon
- En 2½- till 3-liters flamsäker gryta med lock
- 3 tb utsmält gås- eller fläskfett eller matolja
- ½ kopp skivade morötter
- 1 kopp skivad lök

BREMNING
- 4 persiljekvistar, 1 lagerblad, 6 pepparkorn och, om det finns, 10 enbär, alla knutna i tvättad ostduk
- Valfritt: 1 kopp torrt vitt vin eller ¾ kopp torr vit vermouth
- 3 till 4 koppar kycklingbuljong
- Salt

INSTRUKTIONER:
a) Skär bacon i 2-tums bitar, låt sjuda i 10 minuter i 2 liter vatten, låt rinna av och torka. I grytan, fräs baconet långsamt i fett eller olja med grönsakerna i 10 minuter utan att bryna. Rör ner surkålen, häll över fettet och grönsakerna, täck grytan och koka långsamt i 10 minuter.

b) Värm ugnen till 325 grader för nästa steg.)

c) Gräv ner ört- och kryddpaketet i surkålen. Häll i det valfria vinet och tillräckligt med kycklingbuljong för att täcka surkålen.

d) Låt sjuda upp, krydda lätt med salt, lägg en bit vaxat papper över surkålen, täck grytan och ställ in i mitten av en förvärmd ugn.

e) Surkål ska sjuda mycket långsamt i cirka 4 timmar, och bör absorbera all matlagningsvätska när den är klar.

80. Champinjoner Sautés Au Beurre / Sauterade svampar

INGREDIENSER:

- En 10-tums non-stick stekpanna
- 2 msk smör
- 1 msk lätt olivolja eller matolja
- $\frac{1}{2}$ lb. färska svampar, tvättade och torkade (små hela svampar, eller skivade eller kvartade champinjoner)
- 1 till 2 msk hackad schalottenlök eller salladslök
- Valfritt: 1 pressad vitlöksklyfta, 2 till 3 msk hackad persilja
- Salt och peppar

INSTRUKTIONER:

Sätt pannan på hög värme och tillsätt smör och olja. Så fort du ser att smörskummet börjar avta, tillsätt svampen. Kasta och skaka pannan ofta så att svampen kokar jämnt. Till en början absorberar svamp fettet i pannan; om några minuter kommer fettet att dyka upp på ytan igen och svampen börjar bli brun. När den är lätt brynt, tillsätt schalottenlök eller salladslök och valfri vitlök. Rör om en stund till och ta bort från värmen. Värm upp och smaka av med salt, peppar och valfri persilja precis innan servering.

81. Mock Hollandaise-sås (Bâtarde)

INGREDIENSER:
- 3 msk mjukat eller smält smör
- 3 msk mjöl
- $1\frac{1}{4}$ koppar varmt grönsaksvatten eller mjölk
- 1 äggula blandad i en skål med $\frac{1}{4}$ kopp tung grädde
- Salt och peppar
- 1 till 2 msk citronsaft
- 2 eller fler tb mjukat smör

INSTRUKTIONER:
a) Blanda smör och mjöl i en liten kastrull med en gummispatel.
b) Använd en trådvisp, vispa i den heta vätskan, låt sedan koka upp, vispa långsamt.
c) Vispa denna varma sås i äggulan och grädden, häll tillbaka i kastrullen och låt koka upp under omrörning.
d) Ta av från värmen och smaka av med salt, peppar och citronsaft. Om det inte ska serveras omedelbart, rengör sidorna av pannan med en gummispatel och prick toppen av såsen med mjukt smör för att förhindra att ett skinn bildas.
e) Värm upp igen precis innan servering, ta av från värmen och vispa i mjukt smör med matskedar.

82. Crème Anglaise (fransk vaniljsås)

INGREDIENSER:

- 3 äggulor
- En 1½ liters kastrull i rostfritt stål eller emaljerad
- ⅓ kopp strösocker
- 1¼ koppar varm mjölk
- 2 tsk vaniljextrakt
- Valfritt: 1 msk rom
- 1 msk mjukat smör

INSTRUKTIONER:

a) Vispa äggulorna i kastrullen tills de blir tjocka och klibbiga (1 minut), vispa gradvis i sockret och vispa sedan i den varma mjölken i små droppar.

b) Rör om på måttligt låg värme med en träslev tills såsen tjocknar tillräckligt för att belägga skeden – låt inte såsen komma i närheten av sjudningen, annars kommer äggulorna att stelna.

c) Ta bort från värmen och rör ner vanilj, sedan den valfria rom och smöret. Servera varmt eller svalt.

83. Gräddade svampar

INGREDIENSER:

- ¾ lb. finhackad färsk svamp
- 2 msk smör och 1 msk matolja
- 2 msk hackad schalottenlök eller salladslök
- 2 msk mjöl
- Cirka ½ kopp medium grädde
- Salt och peppar

INSTRUKTIONER:

Fräs svampen i varmt smör och olja i flera minuter, tills bitarna börjar separera från varandra. Rör ner schalottenlöken eller salladslöken och koka en stund till. Sänk värmen, rör ner mjölet och koka under omrörning i 2 minuter. Ta av från värmen och rör ner hälften av grädden. Sjud under omrörning en stund och tillsätt mer grädde med skedar. Svampar ska bara hålla formen när de lyfts i en sked. Krydda försiktigt med salt och peppar. Värm upp igen precis innan servering.

84. Sås Mousseline Sabayon

INGREDIENSER:
- ¼ kopp reducerad fiskkokningsvätska
- 3 TB tung grädde
- 4 äggulor
- En 6-kopps emaljerad kastrull och en trådvisp
- 1½ till 2 pinnar (6 till 8 uns) mjukat smör
- Salt, vitpeppar och droppar citronsaft

INSTRUKTIONER:
a) Blanda fiskfond, grädde och äggulor i kastrullen med en trådvisp.
b) Rör sedan om på låg värme tills blandningen sakta tjocknar till en lätt kräm som täcker vispens trådar – var noga med att inte överhettas, annars kryper äggulorna, men du måste värma dem tillräckligt för att tjockna.
c) Ta av från värmen och börja genast vispa i smöret, en matsked i taget. Sås kommer gradvis att tjockna till en tung kräm.
d) Smaka av med salt, peppar och droppar citronsaft. Håll över ljummet – inte varmt – vatten tills det ska användas.

DESSERTER

85. Pate Feuilletée / Fransk smördeg

INGREDIENSER:
- 3 till 4 pattyskal, eller 8 tre-tums pattyskal och
- 8 två tums aptitretare skal

DÉTREMPE
- 1 kopp vanligt universalmjöl och $3\frac{3}{4}$ koppar bakverksmjöl (mät upp genom att sikta direkt i torrmåttsmuggar och sopa bort överskott)
- En blandningsskål
- 6 msk kylt osaltat smör
- 2 tsk salt löst i $\frac{3}{4}$ kopp mycket kallt vatten (mer vatten i droppar om det behövs)

FÖRPACKNINGEN
- 2 pinnar ($\frac{1}{2}$ lb.) kylt osaltat smör

INSTRUKTIONER:
a) Häll mjöl i blandningsskålen, tillsätt smör och gnugga snabbt ihop med fingrarna, eller arbeta med en konditorivaror, tills blandningen liknar grov mjöl.
b) Blanda snabbt i vattnet med de lätt kupade fingrarna på ena handen, tryck ihop blandningen ordentligt och tillsätt mer vatten i små droppar för att göra en fast men smidig deg.
c) Knåda kort till en kaka 6 tum i diameter, arbeta degen så lite som möjligt. Slå in i vaxat papper och kyl i 30 till 40 minuter. Kavla sedan ut till en 10-tums cirkel.
d) Vispa och knåda smöret tills det är helt slätt, fritt från klumpar, formbart men fortfarande kallt. Forma till en 5-tums fyrkant och placera i mitten av degcirkeln. För upp degens kanter över smör för att omsluta den helt. Försegla kanterna med fingrarna.
e) Mjöla lätt och kavla ut snabbt till en jämn rektangel ca 16 x 6 tum. Som om du viker en bokstav, för nedre

kanten upp till mitten och övre kanten nedåt för att täcka den, vilket gör tre jämna lager.

f) Vänd degen så att överkanten är till höger, rulla degen igen till en rektangel. Vik in tre, slå in i vaxat papper och en plastpåse; och kyl 45 minuter till 1 timme.

g) Upprepa med ytterligare två rullar och veck; svalna igen, slutför sedan de två sista rullarna och vecken, vilket gör sex totalt. (Detta kallas svängar.)

h) Efter en sista kylning på 45 till 60 minuter är smördegsdegen redo att formas. Säkert inslagen kan degen stå i kylen i flera dagar eller frysas.

86. Vol-au-Vent / Large Patty Shell

INGREDIENSER:

- Smördegsdeg (föregående recept)
- Äggglasyr (1 ägg vispat med 1 tsk vatten)

INSTRUKTIONER:

a) Rulla den kylda smördegsdegen till en rektangel som är cirka $\frac{3}{8}$ tum tjock, 18 tum lång och 10 tum bred. Skär 2 sju till åtta tums cirklar i degen, centrera dem väl på bakverket så att de inte rör kanterna.

b) Kör kallt vatten över en bakplåt. Placera en degcirkel i mitten, måla runt dess övre omkrets med kallt vatten. Skär en 5- till 6-tums cirkel från mitten av den andra cirkeln, vilket gör en ring och en mindre cirkel. Lägg ringen på plats på den första cirkeln, försegla de två degbitarna med fingrarna. Du har nu en platt cylinder med två lager. Pricka i mitten av det nedre lagret med en gaffel, så att mitten inte stiger under gräddningen.

c) Rulla ut den mindre cirkeln och skär den i en 7 till 8-tums cirkel för att bilda ett lock för bakelsecylindern. Blöt toppen av cylindern med kallt vatten och tryck den sista cirkeln på plats.

d) Försegla de tre deglagren med bakkanten på en kniv, håll den vertikalt och tryck in fördjupningar i degens kanter var $\frac{1}{8}$ tum hela vägen runt. Kyl i 30 minuter innan du gräddar. Precis innan gräddning målar du toppen med äggglasyr och drar pinnarna på en gaffel över den glaserade ytan för att skapa dekorativa streckmärken.

e) Grädda i 20 minuter i mitten av en förvärmd 400 graders ugn. När ungefär tredubblats på höjden och börjar få fin färg, sänk värmen till 350 grader och grädda 30 till 40 minuter längre, tills sidorna är bruna och krispiga.

f) Skär under locket, ta bort det och gräv okokt bakverk ur skalet med en gaffel. Grädda utan lock i 5 minuter till för att torka ut insidan, svalna sedan på galler. Värm i flera minuter i 400 grader innan servering med vilken het fyllning du än valt.

87. Crème Chantilly / Lättvispad grädde

INGREDIENSER:
- ½ pint (1 kopp) kyld tung eller vispgrädde
- En kyld 3-quarts skål
- En stor trådpiska, kyld
- 2 msk siktat konditorsocker
- 1 till 2 msk likör eller 1 tsk vaniljextrakt
- 2 tjocka fuktiga, tvättade ostdukar placerade i en sil över en skål

INSTRUKTIONER:
Häll grädden i den kylda skålen och vispa långsamt med vispen tills grädden börjar skumma. Öka gradvis visphastigheten till måttlig och fortsätt tills vispen lämnar lätta spår på krämytan och en aning lyft och tappad kommer att mjukt behålla sin form. (I varmt väder är det bäst att slå över sprucken is.) Vänd försiktigt ner det siktade sockret och smakämnena. Om du gör grädden i förväg, förvandla den till en sil med ostduk och kyl; grädden förblir slagen och den läckra vätskan som sipprat ner i skålens botten kan användas till något annat.

88. Crème Renversée Au Caramel / Formgjuten Caramel Custard

INGREDIENSER:
- 5 ägg (USA klassade "large")
- 4 äggulor
- En 2½ liters blandningsskål och trådvisp
- ¾ kopp strösocker
- 3¾ koppar sjudande mjölk
- En vaniljstång blötlagd i 10 minuter i den varma mjölken, eller 1½ tsk vaniljextrakt
- En 6-kopps karamelliserad cylindrisk form eller ugnsform ca 3½ tum djup
- En kastrull med kokande vatten

INSTRUKTIONER:
Värm ugnen till 350 grader.
Vispa ägg och gulor i mixerskålen med en trådvisp; vispa gradvis i socker. När blandningen är lätt och skummande, slå i varm mjölk i en mycket tunn stråle. (Vispa i vaniljextrakt om det används.) Sila genom en fin sil i karamelliserad form. Lägg i en kastrull med kokande vatten och grädda i nedre tredjedelen av den förvärmda ugnen. För att säkerställa en slät vaniljsås, reglera värmen så att vattnet i pannan aldrig sjuder riktigt. Vaniljsås är färdig på cirka 40 minuter, eller när en kniv som sänks ner genom mitten kommer ut ren.
För att servera varm, låt stå i 10 minuter i en kastrull med kallt vatten. Vänd en varm serveringsfat upp och ner över vaniljsås och vänd sedan på de två för att ta bort vaniljsåsen.
För att servera kall, låt svalna till rumstemperatur; kyla i flera timmar och ta sedan av formen.

89. Flaming Soufflé / Crème Anglaise

INGREDIENSER:
- Det rivna skalet av 2 apelsiner
- ⅔ kopp strösocker
- En blandningsskål
- 6 äggulor
- En skål eller kastrull i rostfritt stål
- ¼ kopp mörk rom eller apelsinjuice
- En trådpiska
- En elektrisk mixer

INSTRUKTIONER:
a) Värm ugnen till 375 grader.
b) Mosa samman apelsinskalet och sockret i en skål med en träslev, för att få ut så mycket av apelsinoljan som möjligt. Lägg äggulorna i skålen eller kastrullen.
c) Vispa gradvis i apelsinsockret och fortsätt vispa tills äggulorna är ljusgula och tjocknat.
d) Slå i rom- eller apelsinjuicen, ställ sedan över knappt sjudande vatten och vispa med en trådvisp (2 slag per sekund) tills blandningen blir till en varm, tjock kräm. Detta tar 3 eller 4 minuter och blandningen blir tillräckligt tjock för att bilda ett långsamt upplösande band när en bit tappas från vispen och faller tillbaka på ytan.
e) Ta bort från värmen och vispa i en elektrisk mixer i 4 till 5 minuter tills den är kall och tjock.

90. Charlotte Malakoff Au Chocolat

INGREDIENSER:
KEXAR À LA CUILLER (för 24 till 30 ladyfingers)
- 2 stora bakplåtar (18 x 24 tum)
- 1 msk mjukat smör
- Mjöl
- En konditoripåse med rund röröppning $\frac{3}{8}$ tum i diameter, eller en stor kökssked
- $1\frac{1}{2}$ dl strösocker i en sil
- En 3-liters blandningsskål
- $\frac{1}{2}$ kopp strösocker
- 3 äggulor
- 1 tsk vaniljextrakt
- 3 äggvitor
- Nypa salt
- $\frac{1}{8}$ tsk grädde av tandsten
- 1 msk strösocker
- ⅔ kopp vanligt blekt kakmjöl

FODRAR DESSERTFORMEN MED LADYFINGERS
- En 2-quart cylindrisk form, 4 tum hög, om möjligt, och 7 tum i diameter
- Vaxat papper
- ⅓ kopp apelsinlikör
- ⅔ kopp vatten
- 24 ladyfingers, 4 tum långa och ca 2 tum breda

MANDELKRÄMEN
- En 4-liters blandningsskål
- $\frac{1}{2}$ lb. mjukat osaltat smör
- 1 kopp superfint strösocker direkt
- $\frac{1}{4}$ kopp apelsinlikör
- ⅔ kopp halvsöta chokladbitar smält med $\frac{1}{4}$ kopp starkt kaffe
- $\frac{1}{4}$ tsk mandelextrakt

- 1⅓ koppar pulveriserad mandel (blancherad mandel mald i en mixer eller häll i en köttkvarn med lite av snabbsockret)
- 2 koppar tung grädde, kyld
- En kyld skål och visp

INSTRUKTIONER:
Värm ugnen till 300 grader.
Förbered bakplåtarna genom att gnida lätt med smör, pudra med mjöl och slå bort överflödigt mjöl. Montera konditorivaror, om du använder en; förbered florsockret och mät upp resten av de listade ingredienserna.
I blandningsskålen, vispa gradvis sockret i äggulorna, tillsätt vaniljen och fortsätt vispa i flera minuter tills blandningen är tjock, ljusgul och bildar bandet. I en separat skål, vispa äggvitorna tills de skummar, vispa i salt och grädde av tartar och fortsätt vispa tills mjuka toppar bildas. Strö i en matsked strösocker och vispa tills styva toppar bildas.
Ös en fjärdedel av äggvitorna över äggulorna och sockret, sikta på en fjärdedel av mjölet och vänd försiktigt tills det är delvis blandat. Tillsätt sedan en tredjedel av de återstående äggvitorna; sikta på en tredjedel av det återstående mjölet, vik tills det är delvis blandat igen. Upprepa med hälften och sedan med den sista av varje. Försök inte att blanda för noggrant; smeten måste förbli lätt och pösig.
Antingen med konditorpåsen, eller med en stor köksked, gör jämna rader av smet 4 tum långa, 1½ tum breda, med 1 tums mellanrum på bakelsearken. Strö över ett 1/16-tums lager strösocker. Grädda omedelbart i mitten och övre tredje nivån av ugnen i cirka 20 minuter. Ladyfingers är färdiga när de är mycket ljusbruna under

sockerbeläggningen. De ska vara något knaprig utsida, möra men torra inuti. Ta bort från bakplåtar med en spatel; Svalna på tårtgaller.

Klä botten av den torra formen med en omgång vaxat papper. Häll likör och vatten i en soppplatta. En efter en, doppa ladyfingers i vätskan en sekund och låt rinna av på ett tårtställ. Ordna en rad upprättstående ladyfingers inuti formen, tryckta tätt mot varandra, deras böjda sidor mot formen. Reservera de återstående doppade ladyfingers.

Rör ihop smör och socker i flera minuter tills det blir blekt och fluffigt. Slå i apelsinlikör, smält choklad och mandelextrakt; fortsätt vispa i flera minuter tills sockret inte längre är kornigt i konsistensen. Slå i mandeln. Vispa den kylda grädden i en kyld skål med en kyld visp bara tills vispen lämnar lätta spår på grädden – vispa inte mer än så, annars kan det hända att grädden inte svalnar smidigt. Vänd ner grädden i choklad-mandelblandningen. Vänd en tredjedel av blandningen i den fodrade formen, lägg ett lager ladyfingers över och fortsätt med lager av choklad-mandelkräm och ladyfingers, avsluta med ladyfingers om det finns några kvar. Klipp av alla ladyfingers som sticker ut ovanför kanten på formen och tryck ut bitar i toppen av grädden. Täck formen med vaxat papper, ställ ett fat över pappret och lägg en vikt över den (t.ex. vatten på 2 koppar). Kyl i 6 timmar eller över natten; smör måste kylas fast, så att desserten inte kollapsar när den är oformad. (Desserten håller sig i flera dagar i kylen eller kan frysas.)

UTGÖRNING OCH SERVERING

För att servera, ta bort vaxat papper från toppen, kör en kniv runt insidan av formen, tryck försiktigt för att ta bort efterrätten. Vänd en kyld serveringsfat upp och ner över formen och vänd på de två, vilket ger ett kraftigt ryck nedåt så att desserten faller ner på fatet. Dekorera toppen av charlotten med riven choklad. Kyl om den inte serveras omedelbart.

91. Gratäng Poires / Päron bakade med vin

INGREDIENSER:
En ugnsform 2 tum hög och 8 tum i diameter
1 msk mjukat smör
3 till 4 fasta, mogna päron
⅓ kopp aprikossylt
¼ kopp torr vit vermouth
2 till 3 gamla makroner
2 msk smör skuret i prickar

INSTRUKTIONER:
Smörj ugnsformen med smöret. Skala, fjärdedelar och kärna ur päronen; skär i skivor på längden ca ⅜ tum tjocka och arrangera i formen. Tvinga aprikossylten genom en sil till en skål; blanda med vermouthen och häll över päronen. Smula ner makronerna överallt, och toppa med smörprickarna. Ställ in i en mellannivå i förvärmd ugn och grädda i 20 till 25 minuter, tills toppen har fått en lätt färg. Servera varm, varm eller kall och komplettera, om du vill, med en kanna tung grädde.

92. Timbale Aux Épinards / Formgjuten spenatkräm

INGREDIENSER:
- ½ kopp finhackad lök
- 2 msk smör
- En kastrull i rostfritt stål eller emaljerad täckt (spenat kommer att få metallisk smak om den tillagas i vanliga metallpannor)
- 2½ till 3 lbs. färsk spenat putsad och blancherad i 3 minuter i kokande vatten; eller 2 paket (10 uns vardera) fryst bladspenat tinat i kallt vatten
- En kniv i rostfritt stål för att hacka spenat
- ¼ tsk salt
- Nyp var och en av peppar och muskotnöt

TILLÄGG
- 1 dl mjölk
- 5 ägg
- 2 msk smör
- En blandningsskål
- ⅔ kopp gammalt vitt brödsmulor
- ½ kopp riven schweizisk ost
- Salt och peppar
- En 6-kopps ringform eller suffléform, eller 4 ramekins med en kapacitet på 1½ kopp

INSTRUKTIONER:
a) Koka löken långsamt i smöret. Pressa under tiden spenaten, en liten näve i taget, för att få bort så mycket vatten som möjligt. Hacka till en fin puré. När löken är mjuk, rör ner spenaten och salt, peppar och muskotnöt.
b) Täck pannan och koka mycket långsamt, rör om då och då för att förhindra att spenaten är mjuk (cirka 5 minuter).
c) När spenaten är klar, rör ner det extra smöret och mjölken. Vispa äggen i en bunke och vispa sedan gradvis

den varma spenatblandningen i dem. Rör ner ströbröd och ost, och korrigera kryddningen. Häll i förberedd form.

BAKA OCH SERVERING

d) En kastrull som innehåller ca $1\frac{1}{2}$ tum kokande vatten
e) Valfritt: gräddsås, lätt ostsås eller hollandaise (se denna sida)
f) Värm ugnen till 325 grader.
g) Sätt formen i en kastrull med kokande vatten (vatten bör komma $\frac{1}{2}$ till ⅔, uppåt i formen) och placera i nedre tredjedelen av ugnen. Grädda i 30 till 40 minuter, beroende på formen på formen, tills en kniv, nedsänkt i mitten av vaniljsåsen, kommer ut ren. Låt stå i 5 minuter innan du lossar den, eller håll den varm i en kastrull med vatten i 150 graders ugn.
h) Kör en kniv runt kanten på vaniljsåsen för att lösa ut formen; vänd en varm serveringsfat upp och ner över formen, vänd på de två och vaniljsås faller ner på fatet.
i) Dra av vaxat papper från toppen. Ingen sås behövs om timbalen ska ersätta en grönsak; om det ska vara en för- eller huvudrätt, skeda en gräddsås, lätt ostsås eller hollandaise över.

93. Timbale Au Jambon / Gjuten skinkvaniljsås

INGREDIENSER:

1½ dl kokta nudlar
¾ kopp champinjoner, tidigare sauterade i smör
⅔ kopp kokt skinka
½ dl lök, tidigare stekt i smör
Salt och peppar
1 kopp tjock gräddsås
½ kopp riven schweizisk ost
3 äggulor
1 TB tomatpuré
¼ kopp finhackad persilja
3 st hårt vispade äggvitor
En 6-kopps ringform, suffléform eller brödform, eller 4 ramekins med en kapacitet på 1½ kopp

INSTRUKTIONER:

Värm ugnen till 325 grader.

Lägg nudlarna, svampen, skinkan och löken genom det medelstora bladet på en matkvarn eller mathackare. Vispa blandningen i en skål med kryddor, gräddsås, ost, äggulor, tomatpuré och persilja. Vänd i den vispade äggvitan och vänd ner i förberedda formar eller ramekins. Lägg i en kastrull med kokande vatten och grädda i ca 30 minuter, beroende på formen på formen (en ringform bakas snabbare än en suffléform). Timbale är klar när blandningen har höjt sig cirka ½ tum och fått fin färg på toppen. Den kommer att sjunka något när den svalnar, men kan hållas varm i en dryg halvtimme innan servering. Avforma på ett varmt serveringsfat.

SÅS OCH GARNITURE

Om du har använt en ringform kan du fylla timbalen med kokta gröna grönsaker; annars kan du omge den med grönsakerna. Tomatsås, gräddsås blandad med örter eller en sked tomatpuré, eller en lätt ostsås skulle passa bra, skeda över timbalen.

94. Biscuit au Chocolat / Chokladsvampkaka

INGREDIENSER:
- 1 msk mjukat smör
- Mjöl
- En rund kakform i ett stycke 8 tum i diameter och $1\frac{1}{2}$ tum djup
- ⅔ till 1 kopp (4 till 6 ounces) halvsöta chokladbitar (mindre mängd ger en lättare kaka)
- 1 rågad tb snabbkaffe löst i 2 msk kokande vatten

KAKSMETEN
- 3 ägg (USA klassade "stora")
- En stor blandningsskål
- $\frac{1}{2}$ kopp strösocker
- ⅔ cup cake mjöl (sikta direkt i koppar, jämna ut med kniv och återställ mjölet till sikten)
- $3\frac{1}{2}$ msk mjukat osaltat smör

INSTRUKTIONER:
a) Värm ugnen till 350 grader.
b) Smörj lätt inuti kakformen, rulla mjöl inuti så att ytan täcks helt och slå ut överflödigt mjöl. Smält chokladen med kaffet och låt sedan svalna till ljummet.
c) För äggvitorna: nypa salt, $\frac{1}{8}$ tsk grädde av tartar och 1 msk strösocker
d) En elektrisk mixer med stora och små skålar och, om möjligt, extra blad (eller 2 skålar och 2 stora piskor); gummispadar
e) Separera äggen, lägg äggulorna i den stora skålen och vitorna i en annan skål (eller liten skål med mixer). Mät upp kakmjölet och mosa smöret så att det blir mjukt.
f) Antingen med din mixer eller med en stor visp, vispa gradvis ner sockret i äggulorna och fortsätt vispa i flera minuter tills blandningen är tjock och citronfärgad. Om

du använder en mixer, slå i den ljumma smälta chokladen, sedan smöret; annars, vispa smöret gradvis till choklad tills det är slätt, vispa sedan i äggulor och socker.
g) Med rena torra vispar eller en stor trådvisp, vispa äggvitorna tills det skummar, vispa sedan i salt och grädde av tartar. Fortsätt slå tills mjuka toppar bildas; strö över sockret och vispa tills det bildas styva toppar.
h) Använd en gummispatel och rör ner $\frac{1}{4}$ av äggvitorna i choklad- och äggulablandningen; när det är delvis blandat, sikta på $\frac{1}{4}$ kakmjölet. Vik in snabbt och försiktigt med en gummispatel; när den är delvis blandad, börja vika in ⅓ av de återstående äggvitorna. När detta är delvis blandat, sikta på ⅓ av det återstående mjölet och fortsätt så, omväxlande med mjöl och äggvita, vik snabbt tills allt är införlivat.

BAKNING
i) Vänd i beredd kakform; luta pannan för att köra upp smeten upp till toppen runt om. Ställ in direkt i mitten av den förvärmda ugnen och grädda i ca 30 minuter.
j) Kakan kommer att höjas något över kanten på formen och toppen spricker. Det görs när en nål eller gaffel, nedsänkt genom mitten av kakan, kommer ut ren; en mycket svag krympningslinje kommer också att synas mellan kakans kant och formen. Ta ut från ugnen och låt svalna i 5 minuter, ta sedan upp formen på ett tårtställ.
k) Om kakan inte är iskall när den är kall, slå in den lufttät och kyl eller frys.

95. Crème au Beurre à l'Anglaise / Custard Butter Cream

INGREDIENSER:
- En 2½ liters blandningsskål
- 4 äggulor
- ⅔ kopp strösocker
- ½ kopp varm mjölk
- ½ lb. mjukat osaltat smör
- Val av smaksättning: 3 msk rom, kirsch, apelsinlikör eller starkt kaffe; eller 1 msk vaniljextrakt; eller ⅓ kopp (2 uns) halvsöta chokladbitar, smält

CHOKLAD GLASUR
- 1 kopp (6 uns) halvsöta chokladbitar
- ¼ kopp kaffe

INSTRUKTIONER:
a) Lägg äggulor i blandningsskålen; vispa gradvis i sockret och fortsätt vispa tills blandningen är tjock och citronfärgad. Vispa sedan i mjölken gradvis.
b) Vänd ner i en ren kastrull och rör om med en träslev på måttligt låg värme tills blandningen sakta tjocknar tillräckligt för att belägga skeden med en lätt kräm. (Var noga med att inte överhettas, annars kommer äggulorna att stelna, men blandningen måste tjockna.)
c) Ställ pannan i kallt vatten och rör om tills det är ljummet; skölj ur blandningsskålen och sila tillbaka vaniljsås i den. Vispa sedan in det mjukade smöret gradvis med matskedar med hjälp av en trådvisp eller en elektrisk mixer. Slå i smaksättningen.
d) Om grädden ser grynig ut, slå i mer smör med skedar. Kyl eller rör om över krossad is, om det behövs; krämen ska vara slät, tjock och homogen. (Överbliven smörkräm kan frysas.)

FYLLNING OCH GLÅR TÅRAN

e) När kakan är ordentligt kall borsta bort smulorna från ytan. Lämna kakan upp och ner, eftersom du vill att sidorna ska luta inåt något. Skär en liten vertikal kil uppför kanten på kakan; detta kommer att vägleda dig i att omforma den. Dela sedan kakan på mitten horisontellt. Sprid ett $\frac{1}{4}$-tums lager av smörkräm på den nedre halvan (tidigare toppen); byt ut den andra halvan och ställ de två halvorna i linje med kilen. Bred glasyr på toppen och sidorna av kakan, jämna till med en spatel doppad i varmt vatten och håll sidorna lutande något inåt. Kyl tills frostingen är fast.

CHOKLAD GLASUR

f) Smält chokladbitar med kaffet och låt svalna till ljummet.

g) Lägg den kylda kakan på ett galler över en bricka och häll all choklad över toppen, låt den falla ner över sidorna, som, om den är snyggt slät och lätt snett, bör ta chokladöverdraget perfekt.

h) När glasyren stelnat, för över kakan till ett serveringsfat. (Tårtan bör förvaras i kylen.)

96. Tarte Aux Pommes / Fransk äppeltårta

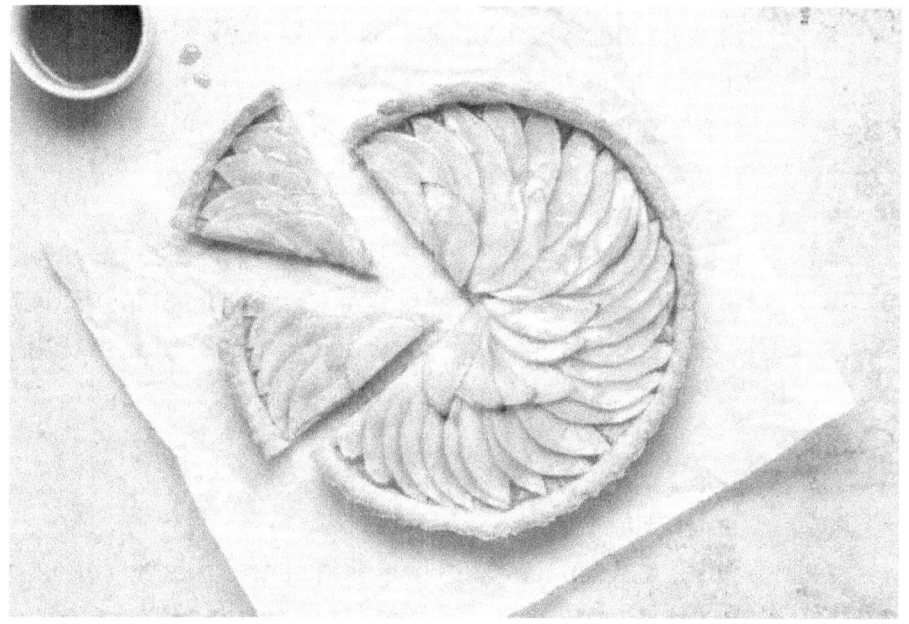

INGREDIENSER:
- Ett 8-tums delvis bakat bakverksskal som ligger på en smörad bakplåt
- 3 till 4 koppar tjock äppelmos utan smak
- ½ till ⅔ kopp strösocker
- 3 msk äppelbrandy, konjak eller rom, eller 1 msk vaniljextrakt
- Det rivna skalet av 1 citron
- 2 msk smör
- 2 till 3 äpplen, skalade och skurna i ⅛-tums längdskivor
- ½ kopp aprikossylt, silad och kokad till 228 grader med 2 msk socker

INSTRUKTIONER:
Värm ugnen till 375 grader.
Rör ½ till ⅔ kopp socker i äppelmosen, tillsätt likör eller vanilj och citronskal. Koka ner, rör om ofta, tills såsen är tillräckligt tjock för att hålla i en massa i skeden. Rör ner smöret och vänd äppelmosen till ett bakverk, fyll det nästan till kanten. Ordna tätt överlappande råa äppelskivor över toppen i koncentriska cirklar. Grädda i 30 minuter i en förvärmd ugn. Avforma tårtan på ett serveringsfat; måla toppen och sidorna med varm aprikossylt. Servera varm, varm eller kall tillsammans med lättvispad grädde om du vill.

97. Biscuit Roulé a l'Orange Et Aux Amandes

INGREDIENSER:
PRELIMINARIER

- 3 msk smör
- En gelérulle eller kakform, 11 tum i diameter, 17 tum lång och 1 tum djup
- Mjöl
- ⅔ kopp strösocker
- 3 ägg
- Skalet av 1 apelsin (riv den i blandningsskålen som innehåller äggulorna)
- ⅓ kopp silad apelsinjuice
- ¾ kopp pulveriserad blancherad mandel (mal dem i en elektrisk mixer, eller lägg genom en köttkvarn med en del av ⅔ koppen strösocker)
- ¼ tsk mandelextrakt
- ¾ kopp siktat vanligt blekt kakmjöl (lägg torrmåttiga koppar på vaxat papper, sikta mjöl direkt i koppar och sopa bort översvämningen med en rak eggad kniv)
- En knapp ¼ tsk grädde av tandsten
- Nypa salt
- 1 msk strösocker
- 1½ msk ljummet smält smör
- Pulversocker i en sil

INSTRUKTIONER:

Värm ugnen till 375 grader och sätt gallret i mitten. Smält smöret och låt svalna till ljummet: del är till pannan, del till kakan. Måla insidan av kakformen med smält smör och fodra med 12 x 21-tums bit vaxat papper, låt ändarna sträcka sig bortom kanterna på pannan. Smöra papperet, rulla mjöl över det, täck hela insidan och slå ut överflödigt mjöl.

BLANDNING AV TAKKSMETEN

Använd en stor trådvisp och vispa gradvis sockret i äggulorna och apelsinskalet; vispa kraftigt i en minut eller två tills blandningen är tjock och blekgul. Vispa i apelsinjuicen, sedan mandeln, mandelextraktet och mjölet.
Vispa äggvitorna en stund med måttlig hastighet; när de börjar skumma, tillsätt grädden av tartar och salt. Vispa på högsta hastighet tills äggvitan bildar mjuka toppar, strö över sockret och vispa ytterligare några sekunder tills äggvitan bildar stela toppar när den lyfts med en sked eller spatel.
Ös äggvitorna över guleblandningen. Vik snabbt och försiktigt ihop med en gummispatel; när det är nästan blandat, vänd snabbt ner det ljumma smöret ½ msk åt gången.
Vänd omedelbart smeten i din förberedda panna, jämna ut över hela ytan. Slå pannan kort på bordet för att jämna ut blandningen och ställ in i mitten av den förvärmda ugnen.

BAKNING
Grädda i ca 10 minuter. Kakan är färdig när den knappt börjar få färg, när toppen är lätt fjädrande eller svampig om den trycks med fingrarna och när den svagaste skiljelinjen syns mellan kakan och sidorna på formen. Tillaga inte för mycket, eftersom kakan går sönder när den rullas; den måste vara mjuk och svampig.

KYLNING OCH AVFORMNING
Ta bort från ugnen och strö toppen av kakan med ett 1/16-tums lager strösocker. Täck med ett ark vaxat papper. Skölj en handduk i kallt vatten, vrid ur den och lägg över det vaxade papperet. Vänd kakan upp och ner och låt svalna i 20 minuter.
Lossa pappersfodret i ena änden av formen för att ta bort formen. Håll papperet plant på bordet, lyft gradvis bort

pannan, med början vid den lösa pappersänden. Ta försiktigt bort papperet från långsidorna på kakan och dra sedan bort det från toppen. Skär bruna kanter runt om tårtan; de kommer att spricka när de rullas. Kakan är nu klar för fyllning, vilket ska göras direkt.

98. Farce Aux Fraises Cio-Cio-San

INGREDIENSER:
- 4 koppar skivade färska jordgubbar och cirka ½ kopp socker; eller 3 tio uns förpackningar frysta skivade jordgubbar, upptinade och avrunna
- 2 TB torr vit vermouth
- 2 msk konjak, apelsinlikör eller kirsch
- 2 förpackningar (2 tb) gelatinpulver utan smak
- ⅔ kopp skivad mandel
- ½ kopp kumquats konserverade i sirap, kärnade och tärnade
- Dekorativa förslag: strösocker, skivad mandel och kumquats, eller strösocker och hela jordgubbar

INSTRUKTIONER:
Om du använder färska jordgubbar, släng dem i en skål med sockret och låt stå i 20 minuter. Lägg vinet och likören i en liten kastrull, tillsätt ¼ kopp jordgubbsjuice och strö på gelatinet. Låt mjukna i flera minuter och rör sedan om över värme för att lösa upp gelatinet helt. Vänd ner i jordgubbarna, tillsammans med mandeln och tärnad kumquats. Kyl eller rör om över is tills det tjocknat, bred sedan över kakan.

Rulla ihop kakan antingen från den korta eller långa änden, beroende på om du föredrar en lång eller en fet rulle; använd det nedre lagret av vaxat papper för att hjälpa dig när du vänder kakan på sig själv.

Överför kakan till ett serveringsbräde eller fat; täck med vaxat papper och kyl om det inte serveras ganska snart. Strax före servering, strö över strösocker (vaxat papper som glider under sidorna och ändarna kommer att hålla serveringsbrädet snyggt) och dekorera med mandel och kumquats eller jordgubbar. Komplettera, om du vill, med mer jordgubbar och sötad vispgrädde.

99. Italiensk maräng

INGREDIENSER:

- 3 äggvitor
- En elvisp
- Nypa salt
- En knapp ¼ tsk grädde av tandsten
- 1⅓ koppar strösocker
- ⅓ kopp vatten
- En liten tung kastrull

INSTRUKTIONER:

a) För detta ska äggvitan vispas och sockerlagret kokas ungefär samtidigt; arbeta dem tillsammans om du kan. Du behöver en elvisp till äggvitan; om du har en mixer med två skålar, vispa vitorna i den lilla skålen och överför dem till den stora skålen när du tillsätter sockerlagen.
b) Vispa äggvitorna med måttlig hastighet en stund tills de börjar skumma; tillsätt salt och grädde av tartar och vispa i snabb hastighet tills äggvitan bildar styva toppar när den lyfts i en sked eller spatel.
c) Häll socker och vatten i en kastrull och ställ på hög värme. Snurra pannan – rör inte om – försiktigt tills sockret har löst sig helt och vätskan är helt klar. Täck pannan och koka snabbt, utan att röra, för ett ögonblick eller två: kondenserande ånga faller från locket, sköljer ner sidorna av pannan och förhindrar bildandet av kristaller. Öppna pannan när bubblorna börjar tjockna och koka snabbt till mjukbollsstadiet, 238 grader.
d) Vispa äggvita i lagom låg hastighet, häll i sockerlagen i en tunn stråle. Fortsätt vispa på hög hastighet i minst 5 minuter, tills blandningen är kall. Den blir satänglen och bildar styva toppar när den lyfts med en sked eller spatel.

100. Crème au Beurre à la Maräng / Marängsmörkräm

INGREDIENSER:
- 2 koppar (12 ounce) halvsöta chokladbitar smält med 3 msk starkt kaffe eller rom
- 1 msk vaniljextrakt
- $\frac{1}{2}$ lb. (2 pinnar) mjukat osaltat smör

INSTRUKTIONER:

a) Vispa ner den smälta chokladen och vaniljen i den svala marängblandningen. Vispa gradvis i smöret. Kyl smörkrämen tills den har en lätt bred konsistens. (Överbliven smörkräm kan frysas.)

FYLLNING OCH FRISTNING AV LOGGEN

b) Bred ut halva fyllningen på sockerkaksplåten och rulla ihop med början i en av kortändarna. (Slå in och kyl om du ännu inte är redo att frosta den.)

c) När du är redo att frosta, skär av de två ändarna på bias, för att ge utseendet av en sågad stock. För grenar, skär hål ungefär $\frac{1}{2}$ tum djupt i ytan av kakan; sätt in 2-tums längder från avklippta ändar. (Gör inte grenar för långa, annars kommer de inte att stödja frostingen.) Överför kakan till ett serveringsbräde eller rektangulärt fat. Sätt in vaxade pappersremsor under sidorna och ändarna av kakan för att hålla glasyren från din serveringsbräda; ta bort efter frosting. Använd sedan antingen en liten spatel eller en konditoripåse med ett bandrör, täck toppen och sidorna av kakan, lämna de två ändarna ofrista. Skumpa frostingen med en gaffel eller spatel för att ge en barklikande effekt. Kyl för att stelna frosting.

MARENGSVAMP

d) Värm ugnen till 200 grader.

e) Smöra lätt en liten bakplåt, rulla mjöl över ytan och slå bort överskottet. Tvinga den reserverade marängblandningen genom ett bakverksrör med en 3/16-tums röröppning eller släpp av änden av en tesked på bakplåten, gör $\frac{1}{2}$-tums kupoler för svamplock och spetsiga kottar för stjälkar. Du bör ha 10 eller 12 av varje. Grädda i 40 till 60 minuter, tills du hör marängerna krackelera mjukt. De är färdiga när de är torra, och när de lätt lossnar från bakplåten. För att montera, stick ett hål i botten av varje lock, fyll med smörkräm och sätt in skaftet.

SPUNN-SOCKERMOSA

f) Ordna ett oljat kvastskaft mellan två stolar och sprid ut massor av tidningar på golvet. Koka $\frac{1}{2}$ kopp socker och 3 matskedar vatten, följ anvisningarna för italiensk maräng, tills sockret får en ljus karamellfärg. Låt sirapen svalna några sekunder tills den tjocknat något, doppa sedan en gaffel i sirapen och vifta gaffeln över kvastskaftet; sirap kommer att bilda trådar över handtaget.

SLUTDEKORATIONER

g) Tryck in klungor av svampar i stocken varhelst du tycker att svampar ska växa och strö över en lätt pudra av kakao som skakas genom en sil. Strö lite strösocker över stocken för att ge en snöig effekt.

h) Dekorera med järnek eller löv, om du vill, och drapera spunnen sockermossa på strategiska platser. (Sluta dekorationer görs precis innan servering, eftersom stocken ska stå i kylen till sista stund.)

SLUTSATS

Sammanfattningsvis erbjuder fransk bakning en härlig blandning av konstnärskap och smak som fängslar sinnena och gläder gommen. Från den ödmjuka baguetten till den utarbetade mille-feuille, varje bakverk berättar en historia om månghundraåriga traditioner och en passion för hantverk. Genom att behärska teknikerna och omfamna andan i fransk bakning kan du ge ditt kök en touch av elegans och överseende och skapa oförglömliga stunder för dig själv och dina nära och kära. Så samla dina ingredienser, förvärm din ugn och ge dig ut på ett kulinariskt äventyr som hyllar den tidlösa tjusningen av franskt konditori. Smaklig måltid!

www.ingramcontent.com/pod-product-compliance
Lightning Source LLC
Chambersburg PA
CBHW071304110526
44591CB00010B/775